»run

Umwelthinweis:
Dieses Buch wurde auf chlor- und säurefreiem Papier gedruckt

BRIGITTE-Buch im Diana Verlag
Originalausgabe 02/2007

Printed in Germany 2007

Konzeption, Redaktion und Text: Sinja Schütte
Text: Michaela Rose
Artdirektion: Andrea Neuhaus
Bild- und Expertennachweis:
Umschlagmotiv und alle Fotos, die nicht ausdrücklich hier aufgeführt sind: Sonja Tobias
Produktion: Merle Rebentisch
Kapitel 1, Foto S. 24: Bettina Lewin, Fotos S. 29-33: Werner Wallington
Kapitel 2, Laufpläne für Einsteigerinnen und Fortgeschrittene: Markus Mengert (www.markusmengert.de); Laufpläne zur Entspannung, für die Gesundheit, zur Wettkampfvorbereitung und zum Abnehmen: Stefanie Mollnhauer. Die Medizinerin coacht am eigenen sportmedizinischen Institut »proformance« Laufeinsteigerinnen und -profis (www.pro-formance.de)
Kapitel 3, Kraft-Workout: Konzeption & Programm: Petra Regelin
Stretch & Relax: Fotos: Jan Rickers, Konzeption & Programm: Petra Otto (www.ottobodyworks.de)
Kapitel 4, Laufplan: Stefanie Mollnhauer; Pilates-Workout: Verena Geweniger (www.pilates-darmstadt.de)
Kapitel 5, Food-Fotos: Carsten Eichner; Foto Ernährungspyramide: Thomas Neckermann; Knetobjekte: Nina Pfeifer; Foto S.94: Jahreszeitenverlag; Text: Susanne Gerlach; Rezepte und Diätplan: Anna Ort-Gottwald
Kapitel 8, Illustrationen: Gesa Sander; Foto S. 122: Jump, S. 126: Corbis, S. 126: Getty Images; Medizinische Beratung: Prof. Petra Platen, Lehrstuhl für Sportmedizin und Ernährung, Fakultät für Sportwissenschaft der Ruhr-Universität Bochum
Kapitel 9, Texte zu Fußgesundheit plus Fußlexikon: Melanie Grimsehl und Marina Knippel
Text zu Cellulitebehandlung: Kirstin Bock, Christina Gath und Margit Hiebl
Konzept und Text Tuina-Massage: Margit Hiebl; Text zu Pflege nach dem Sport: Sandra Schulte

Umschlaggestaltung: Eisele Grafik-Design, München
Layout und Satz: Andrea Neuhaus
Herstellung: Gabriele Kutscha
Druck und Bindung: RMO-Welte, München
978-3-453-38004-2
www.diana-verlag.de

Sinja Schütte
Michaela Rose

»run

Das große Brigitte-Laufbuch

Brigitte Buch
im
Diana Verlag

Inhalt

VORWORT 6
GLÜCKSGEFÜHL MIT MEHRWERT 8
REGISTER 142

01 Grundlagen

WAS LÄUFT IM KÖRPER, WENN WIR LAUFEN? 12
Er will gefordert werden, aber sich nicht überanstrengen – so wird unser Körper fit

TRAINIEREN MIT DEM PULSSCHLAG 17
Tempomacher, Belastungsbarometer und Laufpartner – unser Herz sagt, wo's langgeht

LOCKER LAUFEN: EINE FRAGE DES STILS 20
Mit einer guten Lauf- und Atemtechnik joggt sich's garantiert leichter und lockerer

JOGGEN BEI JEDEM WETTER 23
Trotzen Sie Regen, Kälte, aber auch der Hitze
▸ **Plus:** Richtige Ausrüstung für jede Temperatur

WIE FIT SIND SIE? 28
Sportlicher Check: Testen Sie sich selbst und finden Sie heraus, wie es um Ihre Fitness steht

02 Jetzt loslaufen

ANFANGEN: WERDEN SIE EINE JOGGERIN 37
Das Wichtigste fürs neue Läuferinnen-Leben
▸ **Plus:** 12-Wochen-Trainingsplan

SCHNELLER, LÄNGER, LOCKERER: SO KOMMEN SIE WEITER 42
Das bringt Sie nach den ersten Wochen voran
▸ **Plus:** 12-Wochen-Trainingsplan

UND: IMMER NOCH WEITER LAUFEN 44
1. Relax – Das 8-Wochen-Laufprogramm für neue Ideen und mehr Kreativität
2. Power – Das 8-Wochen-Laufprogramm für eine starkes Herz-Kreislauf-System
3. Thrill – Das 12-Wochen-Laufprogramm zur Vorbereitung eines Halbmarathons

03 Trainieren in Balance

KRAFTTRAINING: GESTÄRKTE HARMONIE VON KOPF BIS FUSS 54
▸ Die besten Power-Übungen für Bauch, Beine, Po, Arme und Schultern

STRETCH & RELAX: RICHTIG DEHNEN FÜR MEHR BEWEGLICHKEIT 62
▸ Das Programm für geschmeidige Muskeln

04 Laufen für die Figur

BURN BABY BURN: 75
So geht's: Fett verbrennen mit Sport

DEN PFUNDEN DAVONLAUFEN 78
▸ Das 8-Wochen-Programm zum Abnehmen

IN FORM MIT PILATES 80
▸ Das Workout für einen flachen Bauch und eine schöne Figur

05 Energie

STUFE FÜR STUFE RICHTIG GENIESSEN 90
Gesund und köstlich essen mithilfe der BRIGITTE-Ernährungspyramide

KAMPF DEN KALORIENFALLEN 93
Tipps zum Abnehmen und Schlankbleiben

EINE GUTE TRAININGSPARTNERIN: DIE BRIGITTE-DIÄT 96
Fit werden und ein paar Pfunde verlieren.
▸ **Plus**: 2-Wochen-Plan mit Rezepten

06 Motivation

ENDLICH AM ZIEL! 110
Durchhalten und dranbleiben beim Training: Wie Sie Körper und Kopf richtig motivieren

TIPPS GEGEN DURCHHÄNGER 112
So holen Sie sich aus dem Motivationstief

IHR LAUFTAGEBUCH 113

07 Schmerzfrei laufen

AUTSCH! ERSTE HILFE FÜR LÄUFERINNEN 116
Was Sie wissen müssen, wenn's mal wehtut

WAS LÄUFT HIER DENN FALSCH? 116
Lernen Sie erste Signale des Körpers zu deuten und richtig zu reagieren

VERLETZUNGEN VORBEUGEN 118
Wie Sie ernsthafte Beschwerden erkennen, und was Sie bei Schmerzen tun können

08 Frauen laufen anders

LASST DIE MÄNNER EINFACH SAUSEN 122
Der kleine Unterschied beim Laufen

REGELMÄSSIG FIT 124
Das Auf und Ab der weiblichen Hormone und ihre Wirkung auf unsere Fitness

BABY ON BOARD 126
So laufen Sie entspannt zu zweit

LAUFEN IN DER MENOPAUSE 129
Joggen: ein echter Anti-Aging-Hit

09 Laufen macht schön

SEXY BEINE 132
Das große Anti-Cellulite-Programm
▸ **Plus**: Massage-Anleitung

WILLST DU MIT MIR GEHEN – SCHÖNE UND GESUNDE FÜSSE 136
Fußpflege für strapazierte Läuferinnen-Füße
▸ **Plus**: Kleines Fußlexikon

WOHLFÜHLEN NACH DEM SPORT 140
Die ideale Pflege für Körper, Haut und Haare

Vorwort

Geh'n wir noch eine Runde laufen? Mal ehrlich, wie geht's Ihnen bei dieser Frage? Es zieht gleich im Bauch, Ihnen fehlt ein bisschen der Atem und Sie spüren schon fast die schweren Beine? Oder ist es eher ein angenehmes Kribbeln im Magenbereich und Sie möchten am liebsten sofort die Schuhe schnüren?

Komische Fragen? Ganz und gar nicht – das Wichtigste beim Joggen ist tatsächlich unser gutes Bauchgefühl. Unser Körper hat nämlich ein Gedächtnis – die sogenannten somatischen Marker. Damit merkt er sich Erlebtes, speichert Gefühle, die er mit Erfahrungen verbindet. Viele Menschen spüren diese Signale im Bauch.

Für die Frage »Joggen oder nicht?« bedeutet das: Unser Körper erinnert sich daran, ob uns Laufen beim letzten Mal Spaß gemacht hat oder nicht. Logisch also, dass es nur was mit unseren Laufvorsätzen wird, wenn er sein »Go« gibt, nur dann bleiben wir motiviert dabei. Nur dann wird aus den guten Vorsätzen ein Training, das Spaß macht.

Das Beste ist aber: Wir können lernen, unser Bauchgefühl zu beeinflussen und es für uns zu nutzen. Also, selbst wenn Sie sich bislang beim Wort »Jogging« geschüttelt haben – das kann sich ändern.

Ob Sie mit dem Laufen gerade erst anfangen oder neue Ziele erreichen möchten: Dieses BRIGITTE-Buch wird Sie wie ein persönlicher Coach begleiten und unterstützen. Es liefert Hintergründe, damit Sie besser verstehen, wie Ihr Körper auf welche Anforderung reagiert. Damit Sie aber auch mal milde mit sich selbst sein können, wenn es nicht so vorangeht, wie Sie das gerne hätten. Vielleicht sind dann die Hormone schuld, die beeinflussen nämlich das weibliche Leistungsvermögen ganz schön. Vielleicht wollten Sie aber auch einfach zu viel auf einmal und haben Ihrem Körper zu wenige Pausen gegönnt. Faule Tage sind nämlich richtig wichtig, um die Leistung zu steigern.

Jetzt heißt es aber erst mal lesen und durchstarten. Genießen Sie das Gefühl, frische Luft in jede Ihrer Zellen zu jagen und den Rausch der gleichmäßigen Laufbewegung zu spüren. Speichern Sie dieses neue Lebensgefühl in Kopf und Bauch. Und wenn Sie dann beim nächsten Mal jemand fragt: »Wollen wir joggen gehen?«, dann werden Ihre somatischen Marker bestimmt voller Vorfreude kribbeln.

Viel Spaß wünscht Ihnen
Ihre BRIGITTE

USA PRO

Glücksgefühl mit echtem Mehrwert

Ein kleiner Schritt mit dem Turnschuh – ein großer Schritt fürs Leben: Laufen bewegt den Körper, den Kopf und die Seele. Hier sind zehn gute Gründe, warum uns Jogging viel weiter bringt als nur ein paar Kilometer.

Laufen ist klasse ...

... FÜR DIE FIGUR
Laufen kurbelt die Fettverbrennung und den Kalorienverbrauch an, lässt ungeliebte Pölsterchen verschwinden und sorgt für ein Minus auf der Waage. Gleichzeitig trainieren wir unsere Muskulatur, bauen sie auf – vor allem Beine und Po profitieren davon. Unsere Silhouette wird straffer, die Kurven knackiger, wir fühlen uns wohl in unserer Haut.

... FÜRS HERZ
Das Herz ist der Motor, der uns antreibt. Es pumpt das Blut mitsamt seinen wertvollen Bestandteilen in alle Winkel des Körpers, versorgt so die Zellen mit Sauerstoff und Nährstoffen und entsorgt Stoffwechselabbauprodukte. Ausdauertraining verbessert diese Motorleistung, lässt sie ökonomischer werden. Die Folge: Das Herz als Muskel wird stärker. Dadurch sinkt unser Puls – auch unter Belastung – und das Herz kann permanent im energiesparenden Schongang arbeiten.

... FÜR EINEN LANGEN ATEM
Laufen vergrößert unsere Lungen und dadurch die sogenannte Vitalkapazität – die Luftmenge, die wir ein- und ausatmen können. Zudem wird die Sauerstoffversorgung des Blutes verbessert: Wir atmen tiefer und ruhiger, versorgen unseren Körper effektiver mit Sauerstoff.

... FÜR KNOCHEN UND GELENKE
Laufen kräftigt unsere Muskeln, die dadurch die Gelenke entlasten und stabilisieren können. Zudem werden Knochen, Sehnen und Bänder gestärkt. Die Folge: Unangenehme Rücken- und Gelenkbeschwerden können verringert oder vermieden werden. Es ist auch eine sehr gute Prävention gegen Osteoporose, den altersbedingten Knochenabbau.

... FÜR MEHR GESUNDHEIT INSGESAMT

Per Ausdauersport werden Risikofaktoren für Erkrankungen, Verletzungen und Verschleiß minimiert. Außerdem wird unser Immunsystem auf Trab gebracht – eine hervorragende Prophylaxe. Und wenn's uns gesundheitlich doch einmal erwischt, hilft das Training, schnell wieder auf die Beine zu kommen. Wir können somit vor Krankheiten im wahrsten Sinne weglaufen, denn wir beugen effektiv vor und bleiben gesünder.

... FÜR DIE SEELE

Laufen baut Stress und Anspannungen ab, sorgt für Entspannung und Wohlbefinden, für gute Laune und mehr Lebensenergie. Mit dieser Gelassenheit bringt uns in hektischen Zeiten nichts so leicht aus der Ruhe. Außerdem kann Jogging erwiesenermaßen bei Depressionen helfen. Es werden Hormone ausgeschüttet, die stimmungsaufhellend wirken.

... FÜRS SELBSTBEWUSSTSEIN

Beim Laufen können wir an die persönlichen Grenzen gehen, selbst gesteckte Ziele erreichen und die eigene Belastbarkeit austesten. Durch Sport lernen wir, Niederlagen und Fehlschläge wegzustecken, aber auch Siege zu feiern – und wenn's nur der bezwungene Schweinehund ist. Wir stärken unser Selbstvertrauen und treten überzeugend auf.

... FÜR DIE LEBENDIGKEIT

Laufen hält jung. Unser Trio von Körper, Geist und Seele ist dank Lauftraining besser für die täglichen Herausforderungen gewappnet, denn wir sind in allen drei Dimensionen belastbarer. Zudem werden Alterungsprozesse und altersbedingte Leistungsverluste verzögert. Wir fühlen uns jung, fit und lebendig – unabhängig vom eigentlichen Lebensalter.

... FÜR DEN KOPF

Laufen erhöht die Blut- und Sauerstoffzufuhr des Gehirns und fördert dadurch die geistige Leistungsfähigkeit, Konzentration und Kreativität. So macht uns das Laufen geistig munter, lässt die Ideen sprudeln und eröffnet neue Denkwege.

... FÜR DIE AUSSTRAHLUNG

Laufen verbessert unser Körpergefühl und unsere Haltung. Bewegungen werden geschmeidiger, der Gang lockerer, die Körperbeherrschung perfektioniert. Wir fühlen uns wohler in unserem Körper und strahlen das auch aus – eine körperliche Präsenz, die auffällt.

KAPITEL

01

SO WERDEN SIE RICHTIG FIT:

Grundlagen des Ausdauertrainings

Laufen ist optimal, um Körper und Geist einfach und effektiv auf Trab zu bringen. Noch leichter läuft sich's, wenn man weiß, wie es richtig geht. In diesem Kapitel finden Sie die Basics für Ihr Training: von A wie Ausdauer bis Z wie Zubehör. Außerdem einen Fitness-Check. Denn zum Ankommen muss man wissen, wo man startet.

WAS LÄUFT IM KÖRPER, WENN WIR LAUFEN?
Er will gefordert werden, aber sich nicht überanstrengen. Er merkt sich, was wir ihm beibringen, und bereitet sich vor, um für die nächste Herausforderung gewappnet zu sein – so wird unser Körper fit.

TRAINIEREN MIT DEM PULSSCHLAG
Tempomacher, Belastungsbarometer und Laufpartner – unser Herz sagt, wo's langgeht.

LOCKER LAUFEN: EINE FRAGE DES STILS
Mit einer guten Lauf- und Atemtechnik joggt sich's garantiert leichter und lockerer.

JOGGEN BEI JEDEM WETTER
Trotzen Sie widrigen Witterungen: Wie Sie auch bei Hitze und Kälte über die Trainingsrunden kommen.
Plus: Die richtige Ausrüstung mit passenden Schuhen und Laufbekleidung für jede Temperatur und Wetterlage.

WIE FIT SIND SIE?
Sportlicher Check: Testen Sie sich selbst und finden Sie heraus, wie es um Ihre Fitness steht.

USA PRO

Was läuft im Körper, wenn wir laufen?

Fordern, aber nicht überfordern, Pausen machen und im richtigen Moment neue Trainingsimpulse setzen: Verstehen Sie die Grundlagen der Trainingslehre, dann hält Ihr Körper beim Workout besser mit.

Ohne Grundlagenausdauer läuft im Sport nichts! Im Gegensatz zur speziellen Ausdauerform – wie z.B. Kraftausdauer oder Schnelligkeitsausdauer, die in Sportarten wie Schwimmen oder beim Leichtathletik-Sprint gefragt

sind – ist die Grundlagenausdauer Basis für jedes Training. Sie sorgt dafür, dass wir unsere Laufrunde durchhalten, ohne schlappzumachen. Sie lässt uns nach und nach den einen oder anderen Kilometer dranhängen. Und sie macht uns schneller wieder fit nach einem anstrengenden Workout. So sinkt z. B. die Herzfrequenz nach dem Training schneller auf ein niedrigeres Niveau, wenn unsere Grundlagenausdauer trainiert ist. Doch nur mit dem richtigen Laufpensum bringen wir unsere Basisausdauer in Form: Lockere, aber längere Trainingseinheiten sind dafür spitze.

UNSER KÖRPER: EIN KRAFTWERK

Unsere Muskeln funktionieren wie ein Motor. Ob wir spazieren gehen, traben oder sprinten – für jedes Tempo brauchen unsere »Verbrennungsöfen« den passenden »Sprit«. Wie an einer Tanksäule liefert uns der Stoffwechsel durch unterschiedliche Schläuche einen speziell zusammengestellten Energiemix aus Phosphaten, Kohlenhydraten und Fett.

Die Verbrennung dieser Kraftstoffe kann im Körper auf zwei Arten ablaufen: aerob, mit Sauerstoff, und anaerob, ohne Sauerstoff. Das Ziel im Freizeitsport ist ein Training im aeroben Stoffwechselbereich. Nur in Trainingsspitzen, um die Leistung zu verbessern, trainiert man für kurze Momente im anaeroben Bereich.

Was heißt das nun genau? Trainieren wir im aeroben Bereich, sind wir meist locker unterwegs. Wir atmen regelmäßig und versorgen so unsere Zellen und Muskeln mit ausreichend Sauerstoff. Die Muskeln bekommen einen Großteil des »Treibstoffs« aus den Fettdepots; zusammen mit dem Sauerstoff entsteht die Energie, die uns antreibt. Wir verbessern unsere Grundlagenausdauer, und nebenbei wird der Fettstoffwechsel angekurbelt.

Strengen wir uns sehr an beim Training, wird der Sauerstoff knapp. Denn die Muskeln benötigen dann zur Energiegewinnung mehr Sauerstoff, als wir über unser Blut liefern können. Der Körper schaltet um auf die anaerobe Energiegewinnung ohne Sauerstoff. In dem Moment greifen die Muskeln vermehrt auf die schnell verfügbaren Kohlenhydrate als »Treibstoff« zurück. Sie ziehen sie aus dem Blut und speziellen Depots in den Muskeln. Das Abbauprodukt aus dieser Art der Energiegewinnung ist das in den Muskeln gebildete sogenannte Laktat, Salz der Milchsäure. Dieses Laktat

GUT ZU WISSEN

Je besser die Grundlagenausdauer, desto schneller und intensiver zapft der Körper die Fettdepots an. Das verbessert unseren Fettstoffwechsel nachhaltig und damit auch unsere Blutwerte. Insgesamt wird so unser Herz-Kreislauf-System stärker und bleibt gesünder.

nun stört die Muskeln bei ihrer Arbeit. Sie können nicht mehr richtig kontrahieren, wir bekommen »brennende Schmerzen« und »lahme Beine« bis hin zu »Koordinationsstörungen«. Klarer Fall: Wir müssen das Tempo reduzieren. Tun wir das nicht, sacken die Beine im Extremfall einfach weg, weil die Muskeln die Arbeit einstellen und uns zu einer Pause zwingen.

Durch Training lässt sich die sogenannte aerob-anaerobe Schwelle verschieben. Optimalerweise setzt der Moment, in dem die Muskeln mehr Sauerstoff bei der Energiegewinnung verbrauchen, als wir durch unser Blut nachliefern können, immer später ein. Eine trainierte Läuferin kann dadurch deutlich schneller und länger laufen als eine untrainierte.

NACH DEM TRAINING IST VOR DEM TRAINING: DIE SUPERKOMPENSATION

Sie sind gelaufen – super! Jetzt fühlt man sich erst einmal ausgepowert, die Leistungskurve ist in den Keller gerutscht. Dieses beabsichtigte Formtief bringt den Körper dazu, seine Regenerationskräfte zu mobilisieren. Das Tolle daran: Meist schießt er dabei ein wenig über das vorherige Niveau hinaus und sorgt somit für eine kleine Leistungsverbesserung. Diesen Vorgang nennt man Superkompensation – wir erholen uns ein bisschen mehr als eigentlich nötig. Klasse, oder?

SUPERKOMPENSATIONSKURVE

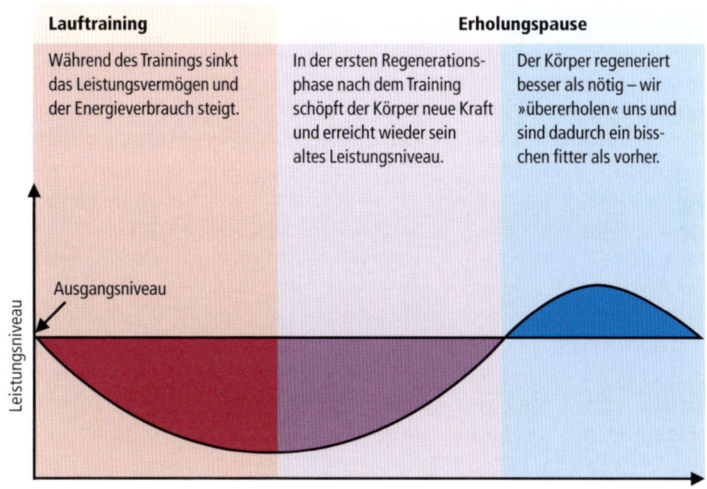

FITTER WERDEN UND WEITERKOMMEN

Unsere Fitness verbessern wir also nicht nur durchs Training, sondern auch durch die Pausen dazwischen. Der Trick besteht darin, im richtigen Moment einen neuen Trainingsreiz zu setzen – nicht zu früh und nicht zu spät. Denn nur das perfekte Timing sorgt für eine ansteigende Formkurve. Generell gilt: Je anstrengender das Training und je untrainierter man ist, desto länger sollte die Pause sein. Eine trainierte Sportlerin benötigt nach einem lockeren Jogginglauf 12 Stunden Erholungspause, nach einem intensiven Tempolauf auf jeden Fall 24 Stunden. Anfängerinnen brauchen jeweils eine doppelt so lange Auszeit.

ZU VIEL DES GUTEN – DAS PROBLEM MIT DEM ÜBEREIFER

Der richtige Mix aus Training und Regeneration sorgt also für flottere Beine. Der Vorteil: Wenn Sie schneller laufen oder länger durchhalten, verbessern Sie zum einen Ihre Kondition, kurbeln zum anderen aber auch deutlich den Kalorienverbrauch an. Trainiert man allerdings zu intensiv oder zu häufig, droht ein Über-

GUT ZU WISSEN

Nach intensiven Trainingseinheiten sollten Sie mindestens einen Tag Pause einlegen. Planen Sie Ihr Wochenpensum entsprechend. Lernen Sie den eigenen Körper besser kennen: Fühlt er sich schlapp, dürfen Sie ihm beruhigt eine Auszeit gönnen – er arbeitet noch am Trainingseffekt.

trainingssyndrom. Der Körper zeigt die Rote Karte, die Muskeln streiken, Ruhe- und Belastungspuls steigen, der Schlaf ist gestört, der Kopf schmerzt, man wird erkältungsanfällig, und die Lust aufs Training sinkt. Und noch ein ganz deutliches Indiz: Das sportliche Leistungsniveau stagniert, oder man trainiert sich sogar »in den Keller« und wird trotz intensiven Laufens und Muskel-Workouts kontinuierlich schlechter.

Schuld daran ist wahrscheinlich ein zu hartes Trainingspensum, zu kurze Regenerationspausen und damit zu schnell hintereinander gesetzte Trainingsreize – das bringt die Formkurve dann auf Talfahrt. Oft deuten ambitionierte Freizeitsportlerinnen die Symp-tome des Übertrainings nicht richtig und versuchen, den Leistungseinbruch mit noch mehr Training wettzumachen. Genau das Falsche. Am besten ist eine zweiwöchige Sportpause oder zumindest eine deutliche Reduzierung des Sportpensums mit anschließendem langsamem Trainingsaufbau.

Trainieren mit dem Pulsschlag

Wir haben es immer dabei, es ist unser persönliches Belastungsbarometer und zuverlässigster Laufpartner in einem: unser Herz. So unterstützen Sie sich gegenseitig.

Das Herz: ein Muskel, der ununterbrochen kontrahiert und Blut nebst Sauerstoff und Nährstoffen durch den Körper pumpt. Fühlen Sie einmal am Handgelenk nach dem Puls. Zehn Sekunden lang den Herzschlag zählen und mit sechs multiplizieren. Und schon haben Sie Ihre aktuelle Herzfrequenz.

TAKTGEBER FÜR DEN KÖRPER

Unser Pulsschlag ist keineswegs konstant, sondern ändert sich ständig – je nachdem, wie sehr wir uns gerade anstrengen. Morgens im Bett vor dem Aufstehen ist die Schlagzahl am geringsten. Dieser sogenannte Ruhepuls liegt normalerweise zwischen 60 und 80 Schlägen pro Minute und ist ein guter Indikator für die Ausdauerfähigkeit unseres Körpers. Denn ein trainiertes Herz arbeitet ökonomischer und lässt den Ruhepuls sinken. Bei sehr gut Trainierten liegt er sogar unter 60 Schlägen pro Minute.

Die sportliche Leistungsgrenze des Pulses nach oben hängt vom Lebensalter ab und wird durch den Maximalpuls bestimmt. Faustregel für Frauen: 226 minus Lebensalter. Sie sind zum Beispiel 35 Jahre alt – dann liegt Ihre maximal erreichbare Herzfrequenz demnach bei etwa 191 Schlägen pro Minute. Solch eine enorme Belastung hält niemand lange durch! Deshalb gibt's als Drittes noch den Belastungspuls: Das ist Ihr individueller

HERZ-ENERGIESPARER

Ausdauertraining vergrößert den Herzmuskel. Ein solches Sportlerherz transportiert pro Schlag mehr Blut und muss dadurch seltener kontrahieren. Das steigert nicht nur im Sport die Leistungsfähigkeit: Wer den Puls im Schnitt um 10 Schläge pro Minute senkt, erspart sich 600 Schläge pro Stunde, 14 400 pro Tag, über 5 Millionen pro Jahr. Eine gesunde Arbeitsökonomie!

Puls, bei dem Sie sich optimal anstrengen. Um ihn zu berechnen, wird nicht nur das Alter, sondern auch das Ausdauerniveau und das jeweilige Trainingsziel berücksichtigt.

SO FINDEN SIE IHRE UNTERSCHIEDLICHEN HERZFREQUENZEN

Um Ihre richtige Laufgeschwindigkeit zu finden, müssen Sie Ihre maximale Herzfrequenz kennen. So messen Sie generell Ihre Herzfrequenzen:

Ihre Herzfrequenz:
Fühlen Sie mit Zeige- oder Mittelfinger an der Halsschlagader oder an der Innenseite des Handgelenks Ihren Puls. Zählen Sie 10 Sekunden lang Ihre Schläge, und multiplizieren Sie die Zahl mit sechs.

Ihre Ruheherzfrequenz:
Messen Sie über mehrere Tage vor dem Aufstehen Ihre Herzfrequenz. Errechnen Sie daraus den Mittelwert.

Ihre maximale Herzfrequenz:
Am besten nutzen Sie dazu eine Pulsmessuhr. Wärmen Sie sich fünf bis zehn Minuten leicht laufend oder gehend auf. Beginnen Sie mit lockerem Joggen (Sie sollten sich unterhalten können). Steigern Sie jede Minute Ihr Tempo, sodass Ihre Herzfrequenz jeweils um ungefähr zehn Schläge ansteigt. Wenn Sie sich nicht mehr steigern können, oder Arme und Beine schwer werden, versuchen Sie noch einen Endspurt von 20 Sekunden. Messen Sie dann sofort Ihren Pulswert – das ist Ihre maximale Herzfrequenz.

Achtung: Die maximale Herzfrequenz sollten Sie auf diese Art nur messen, wenn Sie absolut gesund und auch schon etwas in Form sind. Am besten lassen Sie sich, bevor Sie Ihre maximale Herzfrequent testen, vom Arzt durchchecken.
Falls Sie gerade erst mit dem Training beginnen: Nutzen Sie einfach die bereits beschriebene Formel 226 minus Lebensalter. Damit können Sie sehr gut starten.

SO BERECHNEN SIE DANN IHRE IDEALE TRAININGS-HERZFREQUENZ:

- **Trainingsziel Gesundheit:** Das Motto hier ist: Fordern ohne Überforderung. Anfänger sollten bei **50 bis 65 Prozent** der maximalen Herzfrequenz trainieren – bei lockerem Tempo werden Herz und Kreislauf auf Trab gebracht. Beispiel einer 35-Jährigen: 226 minus 35 (Lebensalter) = 191, davon 50 bis 65 Prozent = 96 bis 124 Schläge pro Minute.
- **Trainingsziel Fettverbrennung:** Ran an die Depots: Mit **65 bis 75 Prozent** der maximalen Herzfrequenz läuft die Fettverbrennung auf Hochtouren, der Fettstoffwechsel wird verbessert. Zugleich werden das Herz-Kreislauf-System und die Fitness angekurbelt. Das Tempo: angenehm.

GUT ZU WISSEN

Auch wenn Sie den persönlichen Trainer am Handgelenk schätzen: Machen Sie sich nicht zum Sklaven Ihrer Pulsuhr. Laufen Sie ruhig hin und wieder ohne die Anzeige, um das eigene Gefühl für Tempo und Intensität zu trainieren.

lastung steigt Ihre Herzfrequenz auf 140. Dann sind Sie vielleicht eine Hochpulserin. Lassen Sie beim Arzt abklären, ob es organische Ursachen dafür gibt. Falls nicht, ist das typisch weibliche Phänomen des erhöhten Pulses völlig ungefährlich. Spezielle Trainingspläne sind unnötig: Sie dürfen sich dann durchaus an der Obergrenze des empfohlenen Pulsbereichs orientieren.

- **Trainingsziel Leistungsverbesserung:** Das Standardtraining für Trainierte: Mit einem Puls von **75 bis 85 Prozent** der maximalen Herzfrequenz bleiben Sie im aeroben Bereich, kurbeln den Kalorienverbrauch ordentlich an, verbessern effektiv Ihre Ausdauer und ökonomisieren Ihr Herz-Kreislauf-System. Tempo: angenehm bis zügig.
- **Trainingsziel Wettkampfhärte:** Nix für reine Freizeitsportlerinnen – ab **85 Prozent** der maximalen Herzfrequenz landen Sie schon im anstrengenden anaeroben Bereich – der Sauerstoff wird knapp, das Tempo ist hoch und kann nicht lange durchgehalten werden.

WENN HERZEN SCHNELLER SCHLAGEN …

Bevorzugt Ihr Herz permanent einen schnelleren Takt? Das heißt, Ihr Ruhepuls bleibt trotz Training um die 80 Schläge pro Minute. Und schon bei geringer Be-

PULSMESSER – DER TACHO FÜR SPORTLERINNEN

Ein Herzfrequenzmesser erleichtert das Training, besonders, wenn Sie sich ein Ziel setzen möchten (siehe auch Pläne ab S. 40). Dabei wird per Brustgurt der Puls gemessen und an eine Armbanduhr übermittelt, die Ihnen dann permanent den aktuellen Wert anzeigt. Praktisch ist es, wenn die Uhr einen programmierbaren Pulsbereich mit Alarmfunktion hat – laufen Sie zu schnell oder zu langsam, warnt die Uhr mit einem Piepston. Vom günstigen Einsteigermodell mit Basisfunktionen bis hin zum Hightech-Gerät mit Personal-Trainer-Charakter gibt es zahlreiche Modelle. Deshalb sollte man sich vor dem Kauf überlegen, welche Funktionen man fürs Training benötigt. Trainieren Sie häufiger mit anderen Pulsuhrträgerinnen, lohnt sich ein teurer Pulsmesser mit codierter Übertragung zwischen Puls und Uhr, um störungsfrei nur die eigenen Signale zu empfangen.

ÜBRIGENS

Sporteinsteigerinnen ab 35 Jahren sollten ihre (Herz-) Gesundheit vorab vom Arzt durchchecken lassen.

Locker laufen: Eine Frage des Stils

Wenn der Bewegungsablauf stimmt, wird Jogging zur entspannenden Erholung. Mit diesen Tipps zu Lauf- und Atemtechnik kommen Sie besser voran.

Einen guten Laufstil erkennt man auf den ersten Blick: locker-flüssig und leichtfüßig, elegant und effizient, scheinbar mühelos und kaum atemlos. Wer an der Technik feilt und seine Kraft nicht unnötig verpulvert, kann schneller oder länger laufen und das Risiko von Überlastungsbeschwerden und Verletzungen reduzieren. Denn mit jedem Laufschritt wirken Kräfte, die ein Vielfaches des eigenen Körpergewichts betragen können, auf Füße, Gelenke und Knochen. Mit der richtigen Joggingtechnik werden diese Aufprallkräfte minimiert. Aber natürlich gibt's nicht den einen perfekten Laufstil, denn schließlich ist jeder Mensch ein Individuum.

SCHRITT FÜR SCHRITT

Die richtige Schrittlänge zu finden ist ein wenig knifflig: Ein bisschen zu lang oder ein wenig zu kurz, und schon vergeudet mal viel Kraft und bremst sich selbst unnötig aus. Das Optimum: den Fuß möglichst knapp vor der senkrechten Körperachse aufsetzen. Probieren Sie beide Extreme aus (bei unterschiedlichen Geschwindigkeiten und an Bergauf- und Bergabstrecken), und nähern Sie sich Ihrem individuellen Schrittmuster an. Übrigens: Wenn Sie schneller laufen, sollten Sie Ihre Schrittlänge unbedingt beibehalten – die Tempoverschärfung erfolgt über eine höhere Schrittfrequenz.

FERSEN- ODER BALLENLAUF?

Die Frage des Fußaufsatzes wird von Experten immer wieder kontrovers diskutiert. Klar ist: Für Anfängerinnen und lange Strecken ist der »Fersenlauf« der natürlichere und bessere Laufstil. Der Fuß wird dabei auf dem Fersenaußenrand aufgesetzt und dann über Mittelfuß und Großzehenballen abgerollt.

Ambitionierte Hobbyläuferinnen nutzen auch noch gerne den »Mittelfußlauf«, bei dem der Fuß flach mit fast der ganzen Sohle aufgesetzt wird. Das schont Gelenke und Muskulatur, ermöglicht aber trotzdem ein flottes Lauftempo.

Der »Ballenlauf« ist deutlich anstrengender, weil der Fuß nur im Vorfuß- und

Mittelbereich den Boden berührt. Er ist lediglich für Profis mit kräftiger Fußmuskulatur oder für leistungsorientierte Läuferinnen bei sehr schnellen Tempoeinheiten empfehlenswert.

PRONATION ODER ÜBERPRONATION?

Um einen Irrtum zu beseitigen: Bei jedem Laufschritt knickt der Fuß im Sprunggelenk zur Innenseite. Diese sogenannte Pronation schadet keinesfalls, sondern ermöglicht erst die normale Abrollbewegung und wirkt sogar als Stoßdämpfer. Kritisch wird es, wenn der Fuß zu stark zum Innenknöchel abknickt, das ist dann eine Überpronation, die Beschwerden verursachen kann. Das Gleiche gilt für die entgegengesetzte Bewegung, wenn der Fuß in der Abrollbewegung nach außen kippt, das sogenannte Supinieren.

Wer stark mit dem Fuß nach innen oder außen kippt, sollte spezielle Laufschuhmodelle wählen. Lassen Sie sich unbedingt in einem Fachgeschäft beraten.

Wer nur leicht mit dem Fuß nach innen oder außen abknickt, dem wird mittlerweile ein neutraler Schuh ohne Stütze empfohlen. So muss der Fuß selbst gegen das Abknicken arbeiten. Das stärkt die Muskulatur und hilft auch im Alltag bei jedem Fehltritt.

Tipp: *Ein Blick auf die Unterseite Ihrer Laufschuhe verrät viel. Sie können erkennen, ob die Sohlen einseitig abgelaufen sind oder nicht. Neben optimalem Schuhwerk ist eine gezielte Kräftigungsgymnastik für die Sprunggelenke sinnvoll.*

DIE KÖRPERHALTUNG

Idealerweise laufen wir locker und aufrecht. Dabei hilft der Marionetten-Trick: Stellen Sie sich vor, eine Schnur ist oben auf Ihrem Kopf befestigt und hält Sie, zieht Sie nach oben. Fast automatisch richten Sie so den Oberkörper auf, strecken die Hüfte und halten den Kopf gerade. Den Blick 10 bis 15 Meter weit nach vorn auf den Boden richten. Mit dieser Körperspannung können Sie dann den Oberkörper beim Laufen leicht, kaum sichtbar, nach vorn neigen und die Schultern nach hinten ziehen. Denken Sie dabei daran: Nicht Oberkörper oder Schultern pendeln im Laufrhythmus mit, sondern nur die Arme.

DIE ARM-BEIN-KOORDINATION

Um die Beinarbeit zu unterstützen, pendeln die Arme mit einem rechten Winkel im Ellenbogengelenk fast parallel, nah und seitlich am Körper vorbei (nicht davor). Die Hände sind entspannt und leicht geöffnet, die Handrücken zeigen nach außen. Den Rhythmus bestimmen die Beine: Beim rechten Fußaufsatz ist die linke Hand am höchsten Punkt der Pendelbewegung und umgekehrt.

RICHTIG ATMEN

Ein erzwungener Atemrhythmus kann uns ganz schön aus der Puste bringen. Denn wir passen unsere Atmung unbewusst sowieso an die Belastung und damit an den Sauerstoffbedarf an. Empfehlungen zur Atemfrequenz sind deswegen überflüssig – das richtige Luftholen muss nicht reglementiert werden.

Einzige Empfehlung: Betonen Sie einfach die Ausatmung, um Platz für neue, sauerstoffhaltige Luft zu schaffen, und atmen Sie dann durch Mund und Nase. Lediglich bei Kälte ist es besser, ausschließlich durch die Nase einzuatmen, um die Luft vorzuwärmen.

KLEINE LAUFSCHULE

Koordinationstraining optimiert die Lauftechnik. Und das spart Energie, schützt vor Verletzungen und verbessert das Bewegungsgefühl. Die Übungen am besten einmal wöchentlich vor dem Lauftraining machen, wenn die Muskulatur noch nicht ermüdet ist.

- **Überkreuzen:** Im Seitgang mit dem rechten Bein das linke vorne überkreuzen, dann den linken Fuß wieder neben den rechten stellen. Im nächsten Schritt das rechte Bein hinter dem linken überkreuzen. Die Arme pendeln dabei vor dem Körper nach rechts und links. Zweimal 30 Meter nach rechts und links, zuerst im Gehen, dann im Traben.

- **Kniehebelauf:** Die Füße setzen nur auf dem Ballen auf, die Oberschenkel werden schnell abwechselnd bis zur Waagerechten hochgezogen. Fußspitzen anziehen und nur möglichst kurz den Boden berühren. Wichtig: Nicht »sitzen«, sondern die Hüfte aktiv strecken und nach vorne schieben. Dreimal 30 Meter.

- **Anfersen:** Den Körper leicht nach vorne lehnen und mit den Fersen abwechselnd den Po berühren. Dabei sollten nur die Fußballen den Boden kurz berühren, und die Hüfte bleibt die ganze Zeit gestreckt. Dreimal 30 Meter.

- **Steigerungslauf:** Zum Schluss dreimal 100 Meter Temposteigerung: Langsam lostraben, auf den Laufstil konzentrieren, das Tempo kontinuierlich steigern. Nach etwa 50 Metern die Maximalgeschwindigkeit erreichen und für etwa zehn Meter halten, dann langsam austrudeln lassen.

GUT ZU WISSEN

Vor allem, wenn Sie immer wiederkehrende Beschwerden und Verletzungen haben, kann es für Sie interessant sein, Ihren Laufstil genauer zu analysieren und zu verbessern. Lassen Sie sich von einem anderen Läufer beobachten oder vielleicht sogar filmen. Experten, die Ihnen bei der Analyse helfen, finden Sie bei Lauftreffs oder im Leichtathletikverein.

Joggen bei jedem Wetter

Eiseskälte oder Sommerhitze – da fällt das Laufen oft schwer. Mit ein paar Tricks werden Sie immun gegen das Wetter und haben Spaß am Laufen im Freien zu jeder Jahreszeit.

Frischekick fürs Immunsystem – Laufen im Herbst und Winter

Es ist 19 Uhr. In der Luft liegen kleine, unsichtbare Eiskristalle und kitzeln beim Atmen in der Nase. Jetzt schnell nach Hause, rein in die Laufschuhe und noch eine Runde drehen. In den Straßen kaufen die Menschen noch eben ein paar Dinge für den Abend. Die Schaufenster leuchten warm und wohlig wie Weihnachtsbäume an Heiligabend.

Nur noch wenige Häuser, dann kommt der Park. Das Licht wird fahl und die Luft gleich noch ein paar Grad kälter, der Boden ist hart. Unter den Füßen knirschen vereiste Pfützen. Von Weitem weht das Rauschen der Autobahn herüber. Zum Glück hatten einige Läuferinnen die gleiche Idee. Angstvolles Einvernehmen führt sie zu kleinen, schweigenden Gruppen zusammen. Noch eine Runde und dann zurück in die Zivilisation, vorbei am Feierabendtrubel. Die Treppe hoch. Spüren, wie die Wärme die Wangen streichelt und Gesicht und Hände richtig heiß werden. Ab unter die Dusche, die frische Luft noch in jeder Zelle. Wunderbar, so ein kalter, dunkler Winterabend.

Probieren Sie's mal: Sechs Tipps, wie Sie Kälte, Eis und Regen davonlaufen.

1. TROCKEN BLEIBEN TROTZ REGEN

Es gießt. Jetzt bloß nicht die Öljacke überziehen, weil sie so schön wasserdicht ist. Solche Regenjacken transportieren nämlich den Schweiß nicht nach außen. Die unangenehme Folge: Feuchtigkeit bleibt auf der Haut, man kühlt aus und erkältet sich.

Bei Schmuddelwetter besser eine atmungsaktive Jacke mit abgedichteten Nähten und Reißverschlüssen wählen, die Nässe von außen abhält und Feuchtigkeit vom Körper wegtransportiert. Wer Regen auch an den Beinen nicht gerne mag, bekommt im Fachgeschäft dazu atmungsaktive, windabweisende und etwas wärmere Regenhosen.

Wenn das Wetter schlechter wird, ist es auch sinnvoll, ein zweites Paar Laufschuhe zu kaufen, denn nichts ist unangenehmer, als in die feuchten Treter vom letzten Training schlüpfen zu müssen. **Tipp:** *Schuhe nach einem Regen- und Pfützenlauf mit Zeitungspapier ausstopfen (vorher Einlegesohle herausnehmen) – das saugt die meiste Nässe auf. Heizung oder Wäschetrockner lassen die Schuhe zwar schnell trocknen, machen aber die Materialien brüchig.*

2. NICHT FRIEREN BEI KÄLTE

Die Lösung ist das Zwiebelprinzip: Eine Schicht über der anderen – so bleibt man selbst bei eisigen Temperaturen schön warm. Zuunterst atmungsaktive Sportunterwäsche aus Funktionsfasern, denn Baumwolle saugt den Schweiß nur auf, wird nass und kühlt dann die Haut ab. Darüber ein Fleece-Shirt plus windabweisende Jacke. Als Hose am besten eine eng anliegende Winterlaufhose (mit angerauter Innenseite), darüber, wer möchte, auch noch eine windabweisende Überhose.

Je kälter es ist, desto mehr »Zwiebelhäute« sollte man anziehen. Der Lagen-Look stimmt, wenn man beim Loslaufen leicht fröstelt.

Bei Minustemperaturen sollten Sie übrigens unbedingt eine Mütze aufsetzen, denn über den Kopf verliert der Körper viel Wärme. Wer leicht friert, sollte auch Handschuhe gegen Eisfinger plus ein Halstuch gegen die unter den Kragen kriechende Kälte anziehen.

Nehmen Sie sich fürs Aufwärmen ein wenig mehr Zeit. Rund eine Viertelstunde brauchen die Muskeln, um auf Betriebstemperatur zu kommen. Bei klirrender Kälte sollten Sie das anschließende Stretching zu Hause absolvieren.

3. SICHER LAUFEN BEI DUNKELHEIT

Die wenigsten können in der Mittagspause eine Joggingrunde mit anschließender Dusche einlegen. Im Winter wird das zum Problem: Morgens und

abends ist es dunkel. Helligkeit in die lichtarme Laufeinheit bringen Sie mit einer Stirn- oder Taschenlampe. Für bessere Sicht sorgt auch der Wechsel auf beleuchtete Asphaltpisten oder die Stadion-Tartanbahn. Reflektoren an der Kleidung sorgen zudem dafür, dass Sie von anderen Verkehrsteilnehmern besser gesehen werden. Und laufen Sie besser ohne Musik – im Dunkeln sollten Sie alle Sinne nutzen, um mögliche Gefahren frühzeitig zu erkennen. Tipp: Handy einstecken – das gibt Sicherheit.

Gut gegen die Angst und ein echter Motivationsschub ist auch eine Laufpartnerin oder mehrere. Nehmen Sie einen Hund mit, verabreden Sie sich zum Joggen, suchen Sie sich einen Lauftreff oder joggen Sie dort, wo viele andere Menschen laufen. Alternative: Überreden Sie einen Lauf-Unwilligen, Sie auf dem Rad zu begleiten. So sind Sie nicht allein, und die Fahrradlampe sorgt zudem für Licht.

4. FESTER HALT BEI EIS UND SCHNEE

Ähnlich wie ein Auto brauchen Turnschuhe bei echtem Winterwetter mit Eis und Schnee ein gutes Profil, sonst ist die Schlitterpartie mit Stürzen oder gar Verletzungen unvermeidbar. Speziell für diese Bodenverhältnisse gibt es Winterlaufschuhe mit ausgeprägtem Profil. Sie sind außerdem robuster, in dunkleren und damit unempfindlichen Farben zu haben, und zudem sind die Obermaterialien meist wasserabweisend. Aber auch mit Ganzjahres-Laufschuhen können Sie bedenkenlos joggen gehen, wenn sie ein gutes Profil haben und noch nicht stark abgelaufen sind.

Wegen des hohen Verletzungsrisikos ist es bei Glätte aber auch mit gutem Profil an den Füßen generell besser, einen Gang runterzuschalten und lieber etwas langsamer zu laufen.

5. NICHT AUSKÜHLEN BEI WIND

Klar, Wälder, Parks und Häuser bieten meist mehr Windschutz als freie Feldwege. Trotzdem gilt auch dort: Immer gegen den Wind loslaufen. Denn anfangs hat man noch genügend Kraft, um sich den Böen locker entgegenzustemmen. Als Lohn erwischt einen der Wind auf dem Rückweg nicht kalt, sondern hilft den müden Beinen bis ins Ziel. Nach dem Training nicht durchgeschwitzt in Wind und Kälte stehen bleiben, sondern etwas Warmes und vor allem Winddichtes überziehen oder in trockene Sachen schlüpfen. In durchgeschwitzten Shirts kühlt man sonst schnell aus und holt sich einen Schnupfen.

6. AUCH BEI KÄLTE LANGSAM LAUFEN

Training bei Wind und Wetter bringt das Immunsystem auf Trab, denn die Kälte fordert den Körper zusätzlich und hat so einen Trainingseffekt für die Abwehrkräfte. Aber diese Mehrarbeit strengt den Körper auch an. Deshalb heißt es im Winter: lieber langsam laufen, keine anstrengenden Tempoeinheiten und keine intensiven Intervallläufe. Bei Minusgraden am besten durch die Nase oder ein Tuch einatmen – das wärmt die kalte Luft für die Lunge besser vor. Vorsicht bei der Kombination aus Feuchtigkeit und Kälte, also Nebel, das greift empfindliche Lungen besonders schnell an. Und wenn das Thermometer unter die Minus-10-Grad-Marke rutscht, sollten Sie Ihre Laufschuhe besser stehen lassen.

Sonnige Aussichten – Laufen bei Hitze

Draußen strahlt die Sonne, und das Thermometer nähert sich der 30-Grad-Marke. Laufen oder nicht laufen? Das ist jetzt einzig eine Frage der Intensität. Klar ist: Bei sommerlicher Wärme müssen Herz und Kreislauf Schwerstarbeit leisten, damit der Körper nicht überhitzt. Die sportliche Konsequenz: Wir sind weniger leistungsfähig. Ab welcher Temperatur es für den Körper anstrengend wird, ist sehr individuell. Ein gute Orientierung bietet aber die Herzfrequenz: Liegt der Puls bei gewohnter Trainingsintensität etwa zehn Schläge über dem üblichen Level, sollte man auf die Bremse treten. Grundsätzlich gilt: Lassen Sie das Laufen langsam angehen, tasten Sie sich nach und nach an Ihr persönliches Hitzetempo heran, entschärfen Sie bei hohen Temperaturen intensive Trainingseinheiten und reduzieren Sie Ihr Pensum, auch wenn Ihr Trainingsplan vielleicht etwas anderes sagt. Hören Sie auf Ihren Körper – er muss sich wohl fühlen, auch wenn es bedeutet, langsamer zu laufen.

SOMMERLICHE VERMEIDUNGSTAKTIK

Neben den hohen Temperaturen erschweren auch direkte Sonne und erhöhte Ozonwerte das Laufen. Darum gilt es, möglichst nie in der prallen Sonne zu trainieren. Stattdessen bieten schattige Waldwege, kühlere Morgen- und Abendstunden oder das Laufband im Fitness-Studio angenehmere und vor allem gesündere, weil weniger belastende Trainingsbedingungen. Wichtig: Bei Kopfschmerzen, Schwindel, Schwäche, Muskelkrämpfen oder Übelkeit sofort abbrechen, raus aus der Hitze und viel trinken.

FLÜSSIGKEITSBILANZ VERBESSERN

Schwitzen ist keinesfalls ein lästiges Übel, sondern ein cleverer Trick unseres Körpers. Der verdunstende Schweiß kühlt die Haut und verbessert dadurch die Wärmeabgabe. Deshalb sollte das Laufoutfit unbedingt atmungsaktiv sein und Luft an die Haut lassen.

Durch das Schwitzen kann der Körper aber stündlich bis zu zwei Liter Wasser verlieren. Das macht nicht nur durstig, sondern auch schlapp. Darum sollten Sie besser vorsorgen und es gar nicht erst so weit kommen lassen: Vor dem Training einen Viertelliter, ab einer Trainingsdauer von 45 Minuten unbedingt auch unterwegs trinken, pro Viertelstunde einen Viertelliter. Praktisch ist da ein Trinkgürtel oder -rucksack für unterwegs. Nach dem Training sollten Sie dann den Flüssigkeitsverlust ausgleichen. Als Durstlöscher eignen sich Mineralwasser, Apfelsaftschorle im Verhältnis 1:3, Gemüsesaft oder Früchte- und Kräutertees.

Die richtige Ausstattung für Läuferinnen

Kaum ein Sport verbraucht so wenig Material wie das Laufen – ein Paar Schuhe plus bequeme Kleidung, und schon geht's los.

Laufen kann man überall und in jeder einigermaßen bequemen Kleidung. Nur passende Laufschuhe müssen sein. Sonst leiden Knochen und Gelenke. Am besten ist die Kaufberatung für Joggingschuhe im Fachgeschäft. Dort wird häufig eine Laufanalyse auf dem Laufband mit Kamera gemacht. Oft haben die Mitarbeiter aber auch einen so geübten Blick, dass sie gar keine Technik zur Analyse benötigen.

Der Schuh jedenfalls muss zu Ihrem Fuß und Ihren Laufgewohnheiten passen. Selbst für Problemfüße gibt's heute eine große Auswahl an Spezialmodellen. **Tipp:** *Zum Kauf die alten Schuhe mitnehmen, damit die Mitarbeiterin Ihren Lauftyp einschätzen kann.*

LAUFSCHUHE LEBEN LÄNGER

Ein guter Schuh hält bis zu 1000 Trainingskilometer. Je nach Laufstil, Körpergewicht und Trainingsuntergrund können die ersten Ermüdungserscheinungen aber schon nach etwa 500 Laufkilometern auftreten. Sind die Sohlen schief abgelaufen, die Zwischensohlen brüchig, oder machen Gelenke und Rücken zunehmend Probleme, sollten Sie Ihre Schuhe lieber austauschen. Für Vielläuferinnen, die nahezu täglich trainieren, lohnt sich ein Zweit- oder gar Drittpaar. Wählen Sie bewusst verschiedene Modelle von unterschiedlichen Herstellern, mit denen Sie abwechselnd joggen. Das liefert dem Körper unterschiedliche Reize und trainiert die Flexibilität der Muskeln. Außerdem bekommt das Dämpfungsmaterial der Schuhe eine Regenerationspause zwischen den Läufen.

In den Schuhen tragen Sie am besten spezielle Laufsocken. Es gibt sie in unterschiedlichen Dicken und Festigkeiten für Sommer bis Winter. Sie sitzen stramm am Fuß und vermeiden so Druckstellen.

KLEIDER MACHEN LÄUFERINNEN

Mit atmungsaktiver Funktionsbekleidung macht das Laufen einfach mehr Spaß – die Feuchtigkeit wird nach außen transportiert, die Materialien sind leicht, nichts scheuert, und für jedes Wetter gibt's das passende Outfit. Sehen Sie sich in Fachgeschäften um, und erweitern Sie nach und nach Ihre Jogginggarderobe.

Unverzichtbar allerdings ist ein Sport-BH aus Mikrofaser, der das Brustgewebe gut stützt. Achten Sie auf breite Träger und einen festen Halt ohne Einschnüren. Finger weg von normalen Bügel-BHs – die drücken und scheuern beim Sport.

Wie fit sind Sie?

Gut zu wissen, wo Sie starten, wenn Sie weiterkommen möchten: Testen Sie sich selbst!

Fühlen wir uns fit oder sind wir es auch? Das ist manchmal ganz schön schwer zu sagen. Ein schlechter Tag, und schon kommt die Selbsteinschätzung ins Wanken. Zum Glück gibt es objektive Kriterien, um die körperliche Fitness einzuordnen. Prüfen Sie, ob Ihr Sportpensum reicht, um fit zu sein.

Ein Hinweis vorab: Treten Probleme auf, lassen Sie die betreffende Testübung einfach weg. Bei gesundheitlichen Beschwerden sollten Sie sich vorab das Okay für den Test von Ihrer Ärztin oder Ihrem Arzt einholen.

Für den Check brauchen Sie: ein bisschen Zeit, bequeme Kleidung, eine Uhr mit Sekundenanzeige, eine weiche Unterlage, einen Stuhl, einen Hocker (oder zwei Treppenstufen) und eine volle Flasche Wasser. Viel Erfolg!

1. SIND SIE AUSDAUERND FIT?

Wie oft in der Woche walken, joggen, radeln oder schwimmen Sie? Dabei zählen alle Ausdauersportarten, die Sie seit mindestens drei Monaten regelmäßig ausüben. Minimum: 45 Minuten pro Trainingseinheit (ohne Stretching und Warm-up). Auch zügige Spaziergänge dürfen Sie mitrechnen und alles, was Sie ins Schwitzen bringt.

- ■ Ausdauersport ist nicht mein Ding, mache ich so gut wie nie oder nur sehr unregelmäßig.
- ● Ich trainiere meine Ausdauer – im Schnitt aber höchstens ein- bis zweimal wöchentlich, und/oder ich trainiere kürzer als 45 Minuten
- ▲ Auf mein Ausdauertraining verzichte ich selten und komme auf mindestens drei Konditionseinheiten pro Woche.

2. ODER LIEBER DAS MINIMALPROGRAMM?

45 Minuten Ausdauertraining sind (noch) zu lang, aber trotzdem sind Sie regelmäßig in Bewegung?

- ■ Auch ein Kurzprogramm schaffe ich nicht oder nur selten.
- ● Ich komme auf 30 Minuten pro Trainingseinheit – mindestens zweimal pro Woche.
- ▲ Ich bin im Job viel in Bewegung oder nahezu täglich zu Fuß oder per Rad unterwegs.

3. WAS SAGT IHR PULS DAZU?

Bevor es sportlich wird, dürfen Sie sich völlig entspannen. Hinsetzen oder -legen, eine Minute relaxen und dann mit Zeige-, Mittel- und Ringfinger an der Halsschlag-

ader oder am Handgelenk den Puls fühlen. 60 Sekunden lang zählen, wie oft Ihr Herz schlägt. Hinweis: Wenn Sie Betablocker nehmen, sollten Sie diese Frage auslassen.

- ▲ Mein Herz schlägt maximal 60-mal (ab 50 Jahre: 65-mal) in der Minute.
- ● Mein Puls liegt zwischen 61 und 80 (ab 50 Jahre: 66 und 85) Schlägen.
- ■ Mein Herz schlägt über 80-mal (ab 50 Jahre: 85-mal) pro Minute.

4. WIE BELASTBAR IST IHR HERZ?

Jetzt benötigen Sie einen Hocker oder zwei Treppenstufen. Die Höhe stimmt, wenn Sie einen Fuß auf die obere Stufe aufstellen und Ihr Oberschenkel sich etwa in der Waagerechten befindet (das ist auch Ihre Startposition). Jetzt ist drei Minuten lang »Treppensteigen« angesagt: Insgesamt etwa 75-mal auf und ab (pro Auf- und Abbewegung etwa 2,5 Sekunden), erst 90 Sekunden lang mit dem einen Bein, dann 90 Sekunden mit dem anderen Bein. Die Beine auf der oberen Stufe durchstrecken und auf der unteren kurz absetzen. Anschließend sofort den Belastungspuls messen (10 Sekunden lang zählen und mit 6 multiplizieren) und den Ruhepuls (aus Frage 3) von diesem Wert abziehen. ***Hinweis:*** *Wenn Sie Betablocker nehmen, sollten Sie diese Frage auslassen und kein Symbol notieren.*

IHR AKTUELLER AUSDAUERWERT		
Belastungspuls:	....	Schläge pro Minute
– Ruhepuls:	....	Schläge pro Minute
= Ausdauerwert:		Schläge pro Minute

- ▲ Mein Ausdauerwert liegt bei maximal 59 (ab 50 Jahre: 54).
- ● Mein Ausdauerwert liegt zwischen 60 und 69 (ab 50 Jahre: 55 bis 63).
- ■ Mein Ausdauerwert liegt bei mindestens 70 (ab 50 Jahre: 64).

5. WIE VIEL KRAFT HAT
IHRE BAUCHMUSKULATUR?

Die Ausgangsposition: in Rückenlage auf einer weichen Unterlage, Füße locker aufgestellt, die Beine sind gebeugt. Die Arme gestreckt neben der Hüfte halten. Mit dem Ausatmen Kopf und Schultern anheben, Kinn Richtung Brust ziehen, bis sich etwa die obere Hälfte des Rückens vom Boden gelöst hat, wieder absenken. Kopf und Schultern nicht ganz ablegen, wieder anheben. Das Auf- und Abrollen sollte zusammen mindestens 4 Sekunden dauern. Wie viele dieser langsamen Wiederholungen schaffen Sie, ohne abzusetzen?

- ■ Die Übung fällt mir recht schwer, ich schaffe maximal 5 Wiederholungen.
- ● Meine Bauchmuskulatur »brennt«, aber der Crunch klappt 6- bis 15-mal.
- ▲ Ich schaffe 16 oder mehr Wiederholungen.

6. WIE STARK IST IHR RÜCKEN?

Die Ausgangsposition: in Bauchlage Po- und Bauchmuskulatur anspannen, den Blick auf den Boden richten. Die Ellenbogen liegen seitlich auf Schulterhöhe am Boden, die Unterarme zeigen flach nach vorn und bilden zusammen mit dem Schultergürtel ein »U«. Zehenspitzen anziehen und die gestreckten Beine leicht anheben. Brustkorb und Arme vom Boden lösen, dabei ruhig weiteratmen. Wie lange können Sie diese Position halten?

- ■ Nicht sehr lange, spätestens nach 10 Sekunden ist Schluss.
- ● Das geht ganz gut, ich halte die Position bis zu 30 Sekunden.
- ▲ Das klappt gut, ich schaffe über eine halbe Minute.

7. HABEN IHRE BEINE POWER?

Auf einen Stuhl setzen und die Arme vor der Brust verschränken. Dann ohne

Schwung einbeinig aufstehen und wieder hinsetzen, ohne sich einfach plumpsen zu lassen. Falls es einbeinig nicht klappt, beide Beine nehmen. Wie oft schaffen Sie das?

- ■ Das klappt nur mit beiden Beinen gut.
- ● Ich schaffe das einbeinige Aufstehen bis zu 5-mal pro Bein
- ▲ Mindestens 6-mal Aufstehen ist pro Bein gut möglich.

8. WAS KÖNNEN SIE HALTEN?

Im Stehen eine volle Flasche Wasser (1-Liter-Plastikflasche oder 0,7-Liter-Glasflasche) mit nach vorn gestrecktem Arm so lange wie möglich halten. Der Arm muss in der Waagerechten bleiben, der Handrücken zeigt nach oben. Einmal mit rechts, einmal mit links, dann den Mittelwert nehmen. Wann machen die Arme schlapp?

- ■ Schon nach höchstens zehn Sekunden wird's anstrengend, und die Arme sinken ab.
- ● Mit ein bisschen Zittern kann ich die Flasche bis zu eine Minute lang halten.
- ▲ Mindestens eine Minute ist für mich kein Problem.

9. GENUG BODENHAFTUNG?

Im Stehen den Oberkörper nach unten beugen, mit den Händen so weit wie möglich nach unten greifen und drei Sekunden lang halten. Nicht schummeln – die Knie bleiben durchgedrückt! Erreichen Sie mit den Fingerspitzen Ihre Zehen?

- ■ Keine Chance – dafür muss ich die Knie beugen.
- ● Mit ein bisschen Mühe berühren meine Fingerspitzen die Zehen.
- ▲ Ich komme sogar noch weiter runter und kann meine Handflächen (fast) auf dem Boden ablegen.

10. HABEN SIE FINGERSPITZENGEFÜHL?

Versuchen Sie, die Hände auf Ihrer Körperrückseite zusammenzuführen: Einen Arm hinter dem Kopf von oben nach unten schieben, den anderen hinter dem Rücken von unten nach oben schieben. Seitenwechsel nicht vergessen – den rechten und den linken Arm tauschen! Berühren sich Ihre Fingerspitzen?

- ■ Nein – selbst ein Seitenwechsel der Arme bringt's nicht.
- ● Meine Fingerspitzen berühren sich gerade so – zumindest auf einer Seite.
- ▲ Meine Finger liegen sogar aufeinander – egal welche Seite.

11. IMMER IM GLEICHGEWICHT?

Im Barfuß-Stand die Arme vor der Brust verschränken, ein Bein anheben und das andere Bein leicht beugen (Knie nicht über die Fußspitze hinaus). Können Sie das Gleichgewicht für mindestens fünf Sekunden halten, auch wenn Sie den Kopf in den Nacken legen (mit Blick nach oben) und dann zusätzlich noch die Augen schließen?

- ■ Nein – ich schaffe nur den Einbeinstand.
- ● Ich kann dabei den Kopf in den Nacken legen, aber wenn ich die Augen zusätzlich schließe, verliere ich die Balance.
- ▲ Ich bleibe mindestens fünf Sekunden mit dem Kopf im Nacken und geschlossenen Augen stehen, ohne mit dem angehobenen Bein den Boden zu berühren.

12. WIE HOCH IST IHR ALLTÄGLICHER STRESSPEGEL?

- ▲ Logisch gibt's auch bei mir hin und wieder stressige Situationen. Aber meist bleibe ich gelassen und regle die Dinge in Ruhe. Ich praktiziere regelmäßig Yoga, Meditation oder autogenes Training.
- ● Mein Stressfaktor ist wohl durchschnittlich. Hin und wieder bin ich am Rotieren, um alles zu schaffen, aber ich fühle mich nur selten überfordert. Ich versuche ab und zu, bewusst zu entspannen.
- ■ Ich stehe recht häufig unter Hochspannung, habe viele Termine und Erledigungen an einem Tag zu schaffen. Das kostet ganz schön viel Kraft. Für Entspannung fehlt mir oft die Zeit.

Übertragen Sie bitte Ihre Ergebnisse in die Tabelle.

AUSWERTUNG: SO FIT SIND SIE

Frage	rot	gelb	grün	Fitnessfaktor	Trainingstipps
1				Ausdauer	**Laufpläne ab S. 40 Bei Übergewicht: Laufen für die Figur (ab S. 72)**
2				Ausdauer	
3				Ausdauer	
4				Ausdauer	
5				Kraft	**Krafttraining ab S. 54**
6				Kraft	
7				Kraft	
8				Kraft	
9				Beweglichkeit	**Stretch & Relax ab S. 62**
10				Beweglichkeit	
11				Koordination	**Kleine Laufschule S. 22**
12				Stress	**Entspannungs-Run ab S. 44**

Ihr Fitnessfaktor

Die Ergebnisse liefern Ihnen einen guten Überblick, in welchen Fitnessbereichen Ihre Stärken und Schwächen liegen. Vielleicht können Sie beim Fitnessfaktor Kraft glänzen, haben aber in puncto Ausdauer keinen langen Atem bewiesen.

Sie sind fit, wenn Sie bei allen Faktoren im Schnitt grüne Dreiecke gemacht haben. Wenn nicht, können Sie gezielt trainieren. Fangen Sie mit dem Fitnessfaktor an, bei dem Sie viele rote Quadrate haben. Einen Trainingstipp gibt's gleich in der Tabelle dazu. Ihren idealen Laufplan finden Sie in Ihrer individuellen Auswertung:

Sie haben bei einem oder mehreren Fitnessfaktoren ...

... überwiegend ■ angekreuzt?

Ihre Fitness ist noch ausbaufähig. Aber es ist nie zu spät – gerade Anfängerinnen können mit dem richtigen Programm in kurzer Zeit gewaltige Fortschritte machen. Ihr passendes Ausdauertraining: »Relax – Laufen für den Kick im Kopf« (S. 44) oder Laufen für Einsteigerinnen (Grundlagenausdauer aufbauen, S. 40).

... überwiegend ● angekreuzt? Oder Ihre Kreuzchen bei allen Farben gleichmäßig gesetzt?

Prima, Sie sind schon ganz schön fit. Aber Sie können sich noch steigern. Prüfen Sie, ob Sie regelmäßig genug trainieren (z. B. mit dem Trainingstagebuch auf S. 113) und sich genug fordern (siehe S. 12 f.: Trainingsbasics). Ihr passendes Ausdauertraining: »Power – Das Intervalltraining« (S. 47) oder »Ausdauer und Tempo aufbauen« ab S. 42.

... überwiegend ▲ angekreuzt?

Hervorragend! Ihre Fitness ist exzellent. Um dieses sportliche Niveau zu erreichen, muss man schon eine ganze Weile konsequent trainieren. Sie wissen aber genau, dass sich die Mühe lohnt: Ihr Körper ist fitter, und Sie fühlen sich gesund. Sie können alle Aufbautrainingspläne je nach Ihren Bedürfnissen und Zielen ideal nutzen (ab S. 42).

Tipp: *Wiederholen Sie den Test nach einigen Wochen. So können Sie Ihre Fortschritte mitverfolgen – das motiviert .*

KAPITEL

02 Jetzt loslaufen

Schon klar: Der Weg ist das Ziel. Und trotzdem wollen wir meist etwas mehr erreichen: Stress abbauen, die Ausdauer steigern oder mal einen Wettkampf bestehen. Wer einfach losläuft, bekommt von allem ein bisschen. Der klügere Weg: Sie wählen das richtige Laufprogramm und erfüllen sich so Ihren Wunsch.

ANFANGEN: WERDEN SIE EINE JOGGERIN

Die richtige Dosis für die ersten Schritte ins Läuferinnen-Leben

- **Plus**: Zwölf-Wochen-Trainingsplan
  Lernen Sie, sechs Kilometer durchzulaufen

SCHNELLER, LÄNGER, LOCKERER: SO KOMMEN SIE WEITER

Für Fortgeschrittene: Das bringt Sie nach den ersten Laufwochen voran

- **Plus**: Zwölf-Wochen-Trainingsplan
  So steigern Sie Ihr Trainingspensum und sorgen für den Feinschliff

UND: IMMER NOCH WEITER LAUFEN

1. Relax – Entspannung für Körper und Geist
Der Acht-Wochen-Anti-Stress-Trainingsplan für den Kick im Kopf

2. Power – viel Energie und bessere Ausdauer
Der Acht-Wochen-Trainingsplan für ein gesundes Herz-Kreislauf-System

3. Thrill – Laufen gegen die tickende Uhr
Das Zwölf-Wochen-Programm, mit dem Sie den 21-Kilometer-Halbmarathon bewältigen

Anfangen: Werden Sie eine Joggerin

Spaß haben vom ersten Moment an – die Bewegung genießen und spüren, wie sich der Körper über den vielen Sauerstoff freut. Das geht! Aufs richtige Training kommt es dabei an. Laufen Sie los, mit dem BRIGITTE-Einsteigerinnen-Plan!

Klasse, Sie haben sich entschlossen zu joggen. Am einfachsten ist es, sich anfangs zwei bis drei feste Termine in der Woche freizuhalten fürs Training. Ihr Körper und auch Ihr Verstand werden dieses regelmäßige Ritual schätzen. Es macht nämlich die Umstellung viel leichter, und Ihnen gelingt es besser, dranzubleiben.

Schon zwei- bis dreimal joggen in der Woche ist genug, um die Ausdauer deutlich zu verbessern. Verteilen Sie die Trainingseinheiten gleichmäßig über die Woche, und machen Sie anfangs möglichst einen Tag Pause dazwischen. Sonst werden Sie zu schnell trainingsmüde.

GENIESSEN SIE IHRE NEUE FREIHEIT

Für die ersten Läufe reichen 20 Minuten vollkommen, um Herz, Kreislauf, Muskeln, Sehnen und Bänder an die ungewohnte Belastung zu gewöhnen. Das Tempo spielt dabei keine Rolle. Nicht frustrieren lassen: Wenn es zu Beginn etwas schwerfällt, machen Sie einfach langsamer, walken Sie zwischendurch – kein Problem! Die ersten Trainingsfortschritte lassen nicht lange auf sich warten, und es wird Ihnen von Lauf zu Lauf leichter fallen. Versuchen Sie, die Trainingsdauer wöchentlich um fünf Minuten zu steigern. Aber nicht um jeden Preis: Wenn es Ihnen schwerfällt, trainieren Sie lieber zwei Wochen lang die gleiche Streckendauer. Ihr Ziel ist es, 45 Minuten locker zu traben.

FINDEN SIE IHR EIGENES TEMPO

Hören Sie nur auf Ihren Körper, Ihren eigenen Rhythmus: Auch wenn Sie das Gefühl beschleicht, Sie wären zu langsam oder eine Freundin läuft schneller – egal! Sie laufen das Tempo, bei dem Sie sich wohlfühlen. Denn um als Anfängerin im aeroben Bereich zu bleiben (vgl. Kapitel 1, S. 12 f.: Trainingsbasics), reicht ein moderates Bummeltempo vollkommen. Ansonsten überfordern Sie sich schnell, der

02 Loslaufen

Stoffwechsel macht nicht mehr mit, und das Laufen fällt Ihnen schwer. Die sportliche Folge: Sie brauchen länger, um die Dreiviertelstunde zu knacken, weil Sie durch zu schnelles Laufen nicht Ihre Grundlagenausdauer trainieren und somit keine Basis schaffen. Übrigens: Auch Wiedereinsteigerinnen sollten ihrem Körper eine Eingewöhnungsphase gönnen und langsam beginnen.

TRAINIEREN SIE KONTINUIERLICH

Insgesamt ist es am besten, sich langfristige Ziele zu setzen und möglichst regelmäßig zu laufen. Mit unserem Trainingsplan (S. 40) bauen Sie Ihre Fitness langsam auf. Das ist gut, dadurch ist Ihr Trainingszustand stabiler und bleibt es auch, wenn Ihnen Zeit oder Motivation fürs Training zwischendurch einmal fehlen. Falls Sie in der einen Woche zum Beispiel nur einmal zum Joggen kommen sollten, ist das auch okay. Versuchen Sie dann in der nächsten Woche, wieder Ihren gewohnten Rhythmus einzuhalten.

Tipp: *Möglichst immer zur gleichen Tageszeit laufen – Ihr Biorhythmus stellt sich darauf ein.*

ZUR ERINNERUNG: IHRE OPTIMALE TRAININGS-HERZFREQUENZ

Damit Sie immer auf der sicheren Seite trainieren, notieren Sie hier zu Beginn des Trainings Ihre persönlichen Herzfrequenzen und vergleichen Sie am Ende.

PERSÖNLICHE HERZFREQUENZ

	Erster Tag	+12 Wochen
Datum:		
Ruheherzfrequenz*:		
Maximale Herzfrequenz (226 minus Lebensalter)*:		
Trainings-Herzfrequenz*:		

* Formeln + Messung siehe S. 18

Aufwärmen und Auslockern beim Training

Es stellt Körper und Kopf auf die kommende Anstrengung ein und wird zum angenehmen Ritual: das Aufwärmen vor dem Training und das Lockern am Ende eines Laufs. Stretching gehört beide Male am besten dazu.

Es ist nach neuesten Erkenntnissen vor und nach dem Joggen zwar nicht unbedingt nötig, weil es nicht davon abhängt, ob man sich beim Joggen verletzt oder nicht. Aber Stretching sorgt dafür, dass die Muskeln geschmeidig werden und sich nach dem Sport schneller erholen.

Sportwissenschaftler empfehlen Anfängerinnen, eher statisch, also ohne wippende Bewegungen, zu dehnen, damit sie sich nicht verletzen. Denn noch sind Bänder, Sehnen und Muskeln nicht sehr belastbar. Fortgeschrittene, die sich bewegungssicher fühlen, können behutsam in die Dehnung hineinwippen: Mit den sanften Mini-Bewegungen können wir unsere dehnfaulen Muskeln austricksen und den Dehneffekt verstärken. Atmen Sie während des Stretchings unbedingt gleichmäßig weiter, und stretchen

2

3

Sie immer nur ganz sanft. Es darf auf keinen Fall wehtun. Aber Sie sollen die Dehnung schon spüren – tasten Sie sich vorsichtig an Ihre individuelle Schmerzgrenze heran.

WARM-UP:

Vor dem Lauftraining etwa fünf bis zehn Minuten locker warm laufen und kurz stretchen, bevor Sie durchstarten.

COOL-DOWN:

Fünf Minuten locker laufen, dabei Schultern kreisen, Arme und Beine ausschütteln. stretchen, 3 Minuten locker ausgehen.

UND SO DEHNEN SIE RICHTIG:

1. **Für die hinteren Beinmuskeln**
Rechte Ferse vorn aufstellen, Fußspitze anziehen. Nun den Po langsam nach hinten, das Brustbein gleichzeitig nach vorn schieben. Dabei mit beiden Händen auf dem linken Oberschenkel abstützen. Der Rücken bleibt gerade. Gehen Sie langsam und vorsichtig in diese Dehnposition hinein, bis Sie ein angenehmes Ziehen im Muskel spüren. In dieser Position 15 Sekunden bleiben oder 10 bis 15 Sekunden langsame und sanfte Mini-Wipp-Bewegungen in Dehnrichtung machen. Dann Seitenwechsel.

2. **Für die Oberschenkel**
Einen Fuß am Gelenk umfassen und sanft Richtung Po ziehen. Das Knie des Standbeins ist leicht gebeugt, beide Knie liegen aneinander. Etwa 10 Sekunden halten oder kleine Wipp-Bewegungen der Hüfte nach vorn in Dehnrichtung machen. Seitenwechsel.

3. **Für Arme, Brust und Schultern**
Hände hinter dem Kopf verschränken, Kinn zum Brustkorb schieben, Ellenbogen nach außen drücken. Oberkörper langsam nach links bewegen, bis der rechte Ellenbogen gerade nach oben zeigt. Zehn Sekunden lang Mini-Wipp-Bewegungen in Dehnrichtung machen. Dann die Seite wechseln.

Durchstarten für Einsteigerinnen

Egal, ob Sie gerade erst anfangen oder nach einer Pause wieder einsteigen möchten – innerhalb von 12 Wochen laufen Sie mit diesem Trainingsplan locker eine Dreiviertelstunde am Stück.

IHR TRAININGSPLAN:
GRUNDLAGENAUSDAUER AUFBAUEN

Ihr Ziel: Anfangen, wieder einsteigen. »Nach 12 Wochen möchte ich sechs Kilometer am Stück laufen.«

Ihr Zeitaufwand: Zwei Monate je zweimal Training pro Woche, anfangs eine halbe, später rund eine Stunde Training inklusive fünf Minuten Warm-up und Cool-down vor und nach jedem Lauf.

Ihr Tempo: Joggen Sie langsam in einer für Sie angenehmen und gleichmäßig zu haltenden Geschwindigkeit. Für einen Kilometer können Sie sich gerne acht Minuten Zeit lassen. Sie sollten sich während des Laufens locker, ohne Atemnot unterhalten können.

ZIEL: SECHS KILOMETER AM STÜCK LAUFEN

1. WOCHE	**20 Minuten Gesamtlaufzeit pro Trainingseinheit** abwechselnd 1–2 Minuten laufen, dann doppelte Zeit gehen (1-4 Minuten)	7. WOCHE	**Steigerung auf 35 Minuten Gesamtlaufzeit pro Trainingseinheit** Laufintervalle auf 6–8 Minuten verlängern, dazwischen je 2 Minuten gehen
2. WOCHE	**20 Minuten Gesamtlaufzeit pro Trainingseinheit** abwechselnd 1–2 Minuten laufen, gleiche Zeit gehen	8. WOCHE	**Steigerung auf 40 Minuten Gesamtlaufzeit pro Trainingseinheit** Laufintervalle 6–8 Minuten, dazwischen je 1 Minute gehen
3. WOCHE	**Steigerung auf 25 Minuten Gesamtlaufzeit pro Trainingseinheit** abwechselnd 2 Minuten laufen, 2 Minuten gehen	9. WOCHE	**Steigerung auf 45 Minuten Gesamtlaufzeit pro Trainingseinheit** Laufintervalle 8–10 Minuten, dazwischen je 1 Minute gehen
4. WOCHE	**25 Minuten Gesamtlaufzeit pro Trainingseinheit** Laufintervalle langsam auf 2–4 Minuten verlängern, dazwischen je 2 Minuten gehen	10. WOCHE	**Steigerung auf 50 Minuten Gesamtlaufzeit pro Trainingseinheit** Laufintervalle 10–15 Minuten, dazwischen je 1 Minute gehen
5. WOCHE	**Steigerung auf 30 Minuten Gesamtlaufzeit pro Trainingseinheit** Laufintervalle 2–4 Minuten, dazwischen je 2 Minuten gehen	11. WOCHE	**Steigerung auf 55 Minuten Gesamtlaufzeit pro Trainingseinheit** 2 Laufintervalle à 20–25 Minuten, dazwischen 1 Minute gehen
6. WOCHE	**30 Minuten Gesamtlaufzeit pro Trainingseinheit** Laufintervalle auf 4–6 Minuten verlängern, dazwischen je 2 Minuten gehen	12. WOCHE	**Steigerung auf 60 Minuten Gesamtlaufzeit pro Trainingseinheit** 60 Minuten ohne Pause durchlaufen

Schneller, länger, lockerer: So kommen Sie weiter

Laufen macht Spaß. Aber immer dieselbe Strecke im gleichen Tempo kann auch langweilig werden. Dann hilft nur eins: ein neuer Kick – ein neues Ziel, eine neue Herausforderung. Mit diesem Trainingsplan laufen Sie der Gewohnheit davon.

Sie möchten schneller, länger oder weiter laufen? Dann sollten Sie genau das tun – aber in der richtigen Reihenfolge: Zuerst häufiger trainieren und ein oder zwei zusätzliche Trainingseinheiten pro Woche einlegen. Dann den Trainingsumfang ausweiten, z.B. statt 45 Minuten eine Stunde joggen. Zuletzt die Intensität steigern und die Laufgeschwindigkeit erhöhen. Wichtig ist dabei, die Belastung nur allmählich und nicht in jeder Trainingseinheit zu erhöhen. Denn auch wenn Muskeln, Herz und Kreislauf mitspielen – die Sehnen, Bänder und Gelenke brauchen deutlich länger, um mitzuhalten.

ABWECHSLUNG MACHT DIE MEISTERIN

Am besten, Sie trainieren auch hier mit einem Plan. Um weiterzukommen, müssen wir unseren Kopf und unseren Körper nämlich ein bisschen überlisten. Denn wir lieben Gewohnheiten – gleichzeitig machen sie uns träge. Unser Körper gewöhnt sich an die Trainingsmonotonie, lernt, wie viel Energie er benötigt, und stellt genau die zur Verfügung. Dabei wird er aber nicht leistungsfähiger.

Jetzt brauchen wir Abwechslung und neue Trainingsreize, um weiterzukommen: Überraschen Sie Ihren Körper zum Beispiel mit Intervall-, Berg- und Tempoläufen. Davon bekommt man nicht nur schnellere Beine, auch der Kalorienverbrauch steigt mit zunehmender Laufgeschwindigkeit wieder an. Nutzen Sie Hügel auf Ihrer Strecke, um das Tempo bergan zu forcieren und bergab locker zu traben. Oder bauen Sie einfach fünf zügige Abschnitte (z.B. fünfmal 200 Meter) mit anschließendem lockerem Laufen in Ihr Training ein.

Weiterkommen für Fortgeschrittene

IHR TRAININGSPLAN:
AUSDAUER UND TEMPO AUSBAUEN

Ihr Ziel: Besser werden, die Laufleistung steigern: »Ich möchte auf gesunde Art mehr Kilometer in einer Stunde schaffen.«

Ihr Zeitaufwand: Drei Monate lang je drei unterschiedlich lange Trainingseinheiten pro Woche (20–75 Minuten) mit gestaffelter Intensität.

Ihr Tempo:
Einheit 1: kurz und intensiv: Hier dürfen Sie ins Schwitzen kommen und auch ein wenig außer Atem.
Einheit 2: mittlere Länge und Intensität, gut durchzuhalten, leichte Anstrengung.
Einheit 3: lang und langsames Tempo, Sie sollten sich locker unterhalten können.
Planen Sie vor und nach jeder Einheit ein Warm-up, Cool-down und Stretching ein (siehe S. 39). Zwischen den Läufen sollte ein Tag Ruhepause liegen.

ZIEL: MEHR KILOMETER IN EINER STUNDE

1. WOCHE	Einheit 1: 20–30 Min. Belastung: 70–90% der max. Herzfrequenz* Einheit 2: 30–40 Min. (70–80%) Einheit 3: 50 Min. (60–70%)	7. WOCHE	Geringe Belastung! Einheit 2: 45 Min. (70–80%) 2 x Einheit 3: 60-75 Min. (60–70%)
2. WOCHE	Einheit 1: 20–30 Min. (70–90%) Einheit 2: 40–45 Min. (70–80%) Einheit 3: 60 Min. (60-70%)	8. WOCHE	Einheit 1: 30 Min. (70–90%) Einheit 2: 45-60 Min. (70–80%) Einheit 3: 75 Min. (60–70%)
3. WOCHE	Einheit 1: 30 Min. (70–90%) Einheit 2: 45 Min. (70–80%) Einheit 3: 60 Min. (60–70%)	9. WOCHE	2 x Einheit 1: 30 Min. (70–90%) Einheit 2: 45 Min. (70–80%)
4. WOCHE	Einheit 2: 40–45 Min. (70–80%) 2 x Einheit 3: 50–60 Min. (60–70%)	10. WOCHE	3 x Einheit 3: 75 Min. (60–70%)
5. WOCHE	Einheit 1: 30 Min. (70–90%) Einheit 2: 45 Min. (70–80%) Einheit 3: 60 Min. (60–70%)	11. WOCHE	Einheit 1: 30–40 Min. (70–90%) 2 x Einheit 2: 45–60 Min. (70–80%)
6. WOCHE	2 x Einheit 1: 30 Min. (70–90%) Einheit 3: 60–75 Min. (60–70%)	12. WOCHE	2 x Einheit 1: 30–40 Min. (70–90%) Einheit 2: 60 Min. (70–80%)

*Einfache Formel: 226 minus Lebensalter. Siehe auch S. 18

Relax – Entspannung für Körper und Geist

Schlaue Köpfe laufen, von der Topmanagerin über die Bestseller-Autorin bis zur Professorin. Warum? Weil sie eine erstaunliche Jogging-Erfahrung gemacht haben: Der Stress geht, neue Gedanken und Ideen kommen.

IHR TRAININGSPLAN:
LAUFEN FÜR DEN KICK IM KOPF

Ihr Ziel: Relaxen und mehr Kreativität

Ihr Zeitaufwand: Zwei Monate, je drei unterschiedlich lange Trainingseinheiten die Woche (30 Min. bis 1:40 Std. plus Ausgleichssport am Wochenende)

So funktioniert Ihr Programm: Der entscheidende Punkt ist eine freie Bahn für die Gedanken. Weg mit den Stresshormonen, die das Hirn blockieren und das Denken schwermachen. Wenn Sie Ihre kleinen grauen Zellen anregen möchten, mehr Ideen zu entwickeln, müssen Sie Stresshormone abbauen – und das geht nur durch Bewegung.

Zwar bauen sich die Stresshormone auch irgendwann von selbst im Blut ab – das dauert aber ganz schön lange. Laufen Sie dagegen eine Stunde, unterstützt der Körper Sie in der Anti-Stressarbeit: Er schüttet vermehrt Endorphine aus, die körpereigenen Glückshormone.

Keine Angst, so lange müssen Sie gar nicht laufen für den Kick im Kopf. Dreimal die Woche mindestens 30 Minuten würden schon reichen, um das Herz-Kreislauf-System zu trainieren, plus eine Sprinteinheit für die starke Durchblutung des Gehirns. Darauf kommt es nämlich an: Studien haben ergeben, dass ein gut trainiertes Herz-Kreislauf-System eine erhöhte Blut- und Sauerstoffzufuhr zum Kopf garantiert. Dadurch haben Joggerinnen ein besseres Erinnerungsvermögen und lernen leichter. Außerdem steigt ihre Konzentrationsfähigkeit.

Vor allem möchten Sie, dass jene Region der Großhirnrinde durchblutet wird, die direkt für Aufmerksamkeit und das Ausblenden von störenden Reizen zuständig ist. Das ist nämlich die optimale Voraussetzung für Gedankenblitze. Ach ja – und ganz nebenbei entspannt sich der ganze Körper wunderbar.

Ihre Gangart: Durchhalten ist wichtig, das bedeutet, möglichst ohne Pause in gleichmäßiger Geschwindigkeit zu joggen. Bei den Sprints dürfen Sie dagegen locker bis an Ihre Grenzen gehen und richtig Gas geben.

Ihr Tempo:

»sehr locker« = 50 bis 65 Prozent der maximalen Herzfrequenz*

»locker« = 65 bis 75 Prozent der maximalen Herzfrequenz*

»etwas schneller« = 75 bis 85 Prozent der maximalen Herzfrequenz*

Worauf Sie achten sollten:

- Suchen Sie Strecken, am besten in der Natur, wo Sie nichts ablenkt.
- Laufen Sie vor allem locker – nur dann können Sie Stresshormone abbauen. Tests haben ergeben: Die meisten joggen viel zu schnell. Die Folge: Der Körper produziert sogar zusätzliche Stresshormone.

Ihre Trainingsalternativen: Radfahren, Inlineskaten oder Schwimmen sorgen für Abwechslung, Sie werden fit, ohne einseitig zu trainieren.

* So rechnen Sie: 226 minus Lebensalter. Siehe auch S. 18.

ZIEL: LAUFEN FÜR DEN KICK IM KOPF

Woche	Tag	1. Monat	Tag	2. Monat
AUFBAUWOCHE I	1.	Pause	1.	Pause
	2.	lockerer Dauerlauf 30 Min., anschl. 3 x 50 m »Sprints«, Dehnen	2.	lockerer Dauerlauf 50 Min., anschl. 3 x 50 m »Sprints«, Dehnen
	3.	Pause	3.	Pause
	4.	etwas schnellerer Dauerlauf 40 Min., Dehnen	4.	etwas schnellerer Dauerlauf 50 Min., Dehnen
	5.	Pause	5.	Pause
	6.	Radausfahrt, Inlineskaten, Schwimmen	6.	Radausfahrt, Inlineskaten, Schwimmen
	7.	langer, sehr lockerer Dauerlauf 60 Min., Dehnen	7.	langer, sehr lockerer Dauerlauf 80 Min., Dehnen
AUFBAUWOCHE II	8.	Pause	8.	Pause
	9.	lockerer Dauerlauf 40 Min., anschl. 3 x 50 m »Sprints«, Dehnen	9.	lockerer Dauerlauf 50 Min., anschl. 3 x 50 m »Sprints«, Dehnen
	10.	Pause	10.	Pause
	11.	etwas schnellerer Dauerlauf 50 Min., Dehnen	11.	etwas schnellerer Dauerlauf 50 Min., Dehnen
	12.	Pause	12.	Pause
	13.	Radausfahrt, Inlineskaten, Schwimmen	13.	Radausfahrt, Inlineskaten, Schwimmen
	14.	langer, sehr lockerer Dauerlauf 70 Min., Dehnen	14.	langer, sehr lockerer Dauerlauf 90 Min., Dehnen
AUFBAUWOCHE III	15.	Pause	15.	Pause
	16.	lockerer Dauerlauf 50 Min., anschl. 3 x 50 m »Sprints«, Dehnen	16.	lockerer Dauerlauf 50 Min., anschl. 3 x 50 m »Sprints«, Dehnen
	17.	Pause	17.	Pause
	18.	etwas schnellerer Dauerlauf 50 Min., Dehnen	18.	etwas schnellerer Dauerlauf 50 Min., Dehnen
	19.	Pause	19.	Pause
	20.	Radausfahrt, Inlineskaten, Schwimmen	20.	Radausfahrt, Inlineskaten, Schwimmen
	21.	langer, sehr lockerer Dauerlauf 80 Min., Dehnen	21.	langer, sehr lockerer Dauerlauf 1:40 Std., Dehnen
RELAXWOCHE IV	22.	Pause	22.	Pause
	23.	lockerer Dauerlauf 40 Min., anschl. 3 x 50 m »Sprints«, Dehnen	23.	lockerer Dauerlauf 40 Min., anschl. 3 x 50 m »Sprints«, Dehnen
	24.	Pause	24.	Pause
	25.	lockerer Dauerlauf 50 Min., Dehnen	25.	lockerer Dauerlauf 50 Min., Dehnen
	26.	Pause	26.	Pause
	27.	Pause	27.	Pause
	28.	langer, sehr lockerer Dauerlauf 60 Min., Dehnen	28.	langer, sehr lockerer Dauerlauf 60 Min., Dehnen

Power – viel Energie und bessere Ausdauer

Keine Frage, Jogging ist gesund. Dreimal 45 Minuten Laufen pro Woche, und Sie beugen nachweislich Krankheiten vor, stärken Ihr Immunsystem und werden außerdem topfit.

IHR TRAININGSPLAN:
DAS INTERVALLTRAINING

Ihr Ziel: Power für die Gesundheit

Ihr Zeitaufwand: Zwei Monate je drei unterschiedlich lange Trainingseinheiten die Woche (20 Min. bis 1:40 Std. plus Radtouren oder ähnliches am Wochenende)

So funktioniert Ihr Programm: Bei diesem Training wird erst einmal durch lockere Läufe und längere Radtouren Ihre Basisausdauer trainiert. Daneben ist es das Ziel, Ihre Leistungsfähigkeit zu steigern, Ihr Herz an maximale Leistung zu gewöhnen, dann kommt es bei Stress garantiert nicht unter Druck. Sie laufen bei den sogenannten Schwellen- und den Crescendo-Läufen immer wieder an Ihrer individuellen Leistungsgrenze, der aerob-anaeroben Schwelle (siehe Kapitel 1, S. 12 f.), um so Ihre Leistung zu verbessern. Nach etwa zwei bis drei Wochen können Sie erste Erfolge spüren.

Mit dem Trainingsmix aus lockeren und anstrengenden Intervallen setzen Sie gezielte Anstrengungsreize: Nach der Belastung versucht Ihr Körper, den entstandenen Energieverlust aufzufüllen. Er ist sogar etwas übereifrig, um für die nächste Anstrengung vorbereitet zu sein. Superkompensation nennt sich das. Fordern Sie dann zum richtigen Moment Ihren Körper wieder durch Laufen, setzen also neue Reize, dann bilden sich kleine Gefäße, Muskeln werden kräftiger, die Sauerstoffversorgung des ganzen Organismus wird verbessert, Sie werden durchtrainiert (mehr dazu in Kapitel 1, S. 12 f.).

Nebenbei senken Sie erwiesenermaßen Ihr Schlaganfall- und Herzinfarktrisiko und beugen Zuckerkrankheit vor.

Ihre Gangart: Auch hier ist Durchhalten angesagt, das heißt möglichst ohne Pause in einem gleichmäßigen Tempo joggen. Bei den Intervallläufen dürfen Sie sich richtig verausgaben, dazwischen gehen (Anfängerinnen) oder locker tra-

ben (Fortgeschrittene). Besonders intensiv wird's bei den Schwellen- und Crescendoläufen: Der Intensitätswechsel bringt Sie an Ihre individuelle Leistungsgrenze – das macht das Training besonders effektiv.

Ihr Tempo:

»locker« = 65 bis 75 Prozent der maximalen Herzfrequenz*
»etwas schneller« = 75 bis 85 Prozent der maximalen Herzfrequenz*
»an der Schwelle« = 85 Prozent der maximalen Herzfrequenz*
»schnell« = kurze, aber flotte und intensive Einheiten

Auf was Sie achten sollten:

- Bei zu intensiven Trainingseinheiten oder falsch gesetzten Reizen kann die Leistungsfähigkeit stagnieren oder sogar sinken. Laufen Sie nach Plan, nur solange Sie sich gut dabei fühlen. Trainieren Sie vor allem regelmäßig.
- Wer intensiv trainiert, muss gesund sein! Schon Joggen mit einer fiebrigen Erkältung kann Ihren Herzmuskel schwer schädigen. Also: Lieber eine Pause machen, als den Körper zu überfordern.
- Halten Sie die Trainingseinheiten durch. Aber nehmen Sie auch die ruhigere vierte Woche im Monat ernst. Hier sammelt der Körper Energie.

Ihre Trainingsalternativen:

An den Wochenenden sorgt das Rad für Abwechslung im Trainingsplan und stärkt Ihre Basisausdauer.

* So rechnen Sie: 226 minus Lebensalter. Siehe auch S. 18.

ZIEL: POWER FÜR DIE GESUNDHEIT

Woche	Tag	1. Monat	Woche	Tag	2. Monat
AUFBAUWOCHE I	1.	Pause	AUFBAUWOCHE I	1.	Pause
	2.	kurze Intervalle: 10 Min. locker, 5 x 20 Sek. schnell, 10 Min. locker		2.	kurze Intervalle: 10' locker, 5 x 40 Sek. schnell, 10' locker
	3.	Pause		3.	Pause
	4.	lockerer Dauerlauf 40 Min., Dehnen		4.	lockerer Dauerlauf 40 Min., Dehnen
	5.	Pause		5.	Pause
	6.	Schwellenlauf: 10 Min. locker, 10 Min. an der Schwelle, 10 Min. locker		6.	Crescendolauf: 20' locker, 10' intensiver Dauerlauf, 5' an der Schwelle, 5' locker
	7.	längere Radausfahrt 1,5 Std. locker		7.	längere Radausfahrt 2 Std. locker
AUFBAUWOCHE II	8.	Pause	AUFBAUWOCHE II	8.	Pause
	9.	kurze Intervalle: 10 Min. locker, 6 x 20 Sek. schnell, 10 Min. locker		9.	kurze Intervalle: 10' locker, 6 x 40 Sek. schnell, 10' locker
	10.	Pause		10.	Pause
	11.	lockerer Dauerlauf 45 Min., Dehnen		11.	lockerer Dauerlauf 45 Min., Dehnen
	12.	Pause		12.	Pause
	13.	Schwellenlauf: 10 Min. locker, 15 Min. an der Schwelle, 10 Min. locker		13.	Crescendolauf: 20' locker, 10' intensiver Dauerlauf, 10' an der Schwelle, 5' locker
	14.	längere Radausfahrt 1,5 Std. locker		14.	längere Radausfahrt 2 Std. locker
AUFBAUWOCHE III	15.	Pause	AUFBAUWOCHE III	15.	Pause
	16.	kurze Intervalle: 10 Min. locker, 8 x 20 Sek. schnell, 10 Min. locker		16.	kurze Intervalle: 10' locker, 8 x 40 Sek. schnell, 10' locker
	17.	Pause		17.	Pause
	18.	lockerer Dauerlauf 45 Min., Dehnen		18.	lockerer Dauerlauf 45 Min., Dehnen
	19.	Pause		19.	Pause
	20.	Schwellenlauf: 10 Min. locker, 20 Min. an der Schwelle, 10 Min. locker		20.	Crescendolauf: 20' locker,15' intensiver Dauerlauf, 10' an der Schwelle, 5' locker
	21.	längere Radausfahrt 1,5 Std. locker		21.	längere Radausfahrt 2 Std. locker
RELAXWOCHE IV	22.	Pause	RELAXWOCHE IV	22.	Pause
	23.	lockerer Dauerlauf 40 Min., Dehnen		23.	lockerer Dauerlauf 40 Min., Dehnen
	24.	Pause		24.	Pause
	25.	lockerer Dauerlauf 50 Min., Dehnen		25.	lockerer Dauerlauf 50 Min., Dehnen
	26.	Pause		26.	Pause
	27.	Pause		27.	Pause
	28.	längere Radausfahrt 1,5 Std. locker		28.	längere Radausfahrt 1,5 Std. locker

'steht als Abkürzung für Minuten. Lesebeispiel: 30' = 30 Minuten

Thrill – Laufen gegen die tickende Uhr

Einmal dieses Hochgefühl erleben. Einmal total erschöpft und gleichzeitig voller Energie sein. Einmal ins Ziel kommen: Bringen Sie Ihren Körper in Wettkampfform!

IHR TRAININGSPLAN:
LEISTUNGSSTEIGERUNG, UM AUF DEN PUNKT GENAU FIT ZU SEIN

Ihr Ziel: Einen Halbmarathon laufen

Ihr Zeitaufwand: Drei Monate lang drei bis vier Trainingseinheiten die Woche (30 Min. bis 2:10 Std.), an den Wochenenden lange Trainingseinheiten. Plus ein 10-km-Wettkampf zur Vorbereitung.

Ihre Gangart: Tempoverschärfungen in festgelegten Zeitabschnitten sind beim Steigerungs-Dauerlauf gefordert. Bei Intervallläufen und Sprints dürfen Sie auch mal so richtig durchstarten. In den Pausen können Sie einfach locker traben.

Mit der Pyramide werden die Intervalle von Lauf zu Lauf erst länger, dann wieder kürzer, dazwischen gibt es jeweils Trabpausen. Besonders intensiv sind die Schwellenläufe: Der Intensitätswechsel bringt Sie an Ihre Leistungsgrenze – das macht es besonders effektiv.

Ihr Tempo:
»locker« = 65 bis 75 Prozent der maximalen Herzfrequenz*
»etwas schneller« = 75 bis 85 Prozent der maximalen Herzfrequenz*
»an der Schwelle« = 85 Prozent der maximalen Herzfrequenz*
»schnell« = kurze aber flotte und intensive Einheiten

* Die Formel: 226 minus Lebensalter, oder testen Sie sich, siehe S. 18.

ZIEL: HALBMARATHON

		1. Monat	2. Monat	3. Monat
AUFBAUWOCHE I	1.	Pause	Pause	Pause
	2.	kurze Intervalle: 15´ locker, 6 x 40 Sek. schnell, 15´ locker	kurze Intervalle: 15' locker, 5 x 1 Min. schnell, je 1 Min. locker, 15' locker	lockerer Dauerlauf 50´, abschließend Sprints 3 x 15 Sek., Dehnen
	3.	Pause	Pause	Pause
	4.	Pyramide: 10´ locker, 1-3-5-3-1´ an der Schwelle, je 2´ Trab-Pause, 10 Min. locker	Steigerungs-DL: 15' locker, 15' schnellerer DL, 15 , an der Schwelle, wieder 15' locker (Auslaufen)	Schwellenlauf: 15´ locker, 20´ an der Schwelle, 15´ locker
	5.	Pause	Pause	Pause
	6.	lockerer Dauerlauf 40´, Dehnen	lockerer Dauerlauf 45 Min., Dehnen	lockerer Dauerlauf 50´, Dehnen
	7.	langer Dauerlauf 1:10 Std. locker	langer Dauerlauf: 1:40 Std. locker	langer Dauerlauf 2 Std. locker
AUFBAUWOCHE II	8.	Pause	Pause	Pause
	9.	kurze Intervalle: 15´ locker, 7 x 40 Sek. schnell, 15´ locker	kurze Intervalle: 15' locker, 6 x 1 Min. schnell, je 1 Min. locker, 15' locker	lockerer Dauerlauf 50´, abschließend Sprints 4 x 15 Sek., Dehnen
	10.	Pause	Pause	Pause
	11.	Pyramide: 10´ locker, 2-3-6-3-2 ´ an der Schwelle, je 2´ Trab-Pause, 10´ locker	Steigerungs-DL: 15' locker, 20' schnellerer DL, 20 , an der Schwelle, wieder 15' locker (Auslaufen)	Schwellenlauf: 15´ locker, 30 Min. an der Schwelle, 15´ locker
	12.	Pause	Pause	Pause
	13.	lockerer Dauerlauf 40´, Dehnen	lockerer Dauerlauf 45 Min., Dehnen	lockerer Dauerlauf 50´, Dehnen
	14.	langer Dauerlauf 1:20 Std. locker	langer Dauerlauf: 1:50 Std. locker	langer Dauerlauf 2:10 Std. locker
AUFBAUWOCHE III	15.	Pause	Pause	Pause
	16.	kurze Intervalle: 15´ locker, 8 x 40 Sek. schnell, 15´ locker	kurze Intervalle: 15' locker, 8 x 1 Min. schnell, je 1' locker, 15' locker	lockerer Dauerlauf 50´, abschließend Sprints 3 x 15 Sek., Dehnen
	17.	Pause	Pause	Pause
	18.	Pyramide: 10´ locker, 2-4-6-4-2´ an der Schwelle, je 2´ Trab-Pause, 10´ locker	etwas schnellerer Dauerlauf 50 Min., Dehnen	Schwellenlauf: 15´ locker, 25 Min. an der Schwelle, 15´ locker
	19.	Pause	Pause	Pause
	20.	lockerer Dauerlauf 40´, Dehnen	Pause	lockerer Dauerlauf 50´, Dehnen
	21.	langer Dauerlauf 1:30 Std. locker	10 km Test-Wettkampf	langer Dauerlauf 1:40 Std. locker
RELAXWOCHE IV	22.	Pause	Pause	Pause
	23.	kurze Intervalle: 15´ locker, 5 x 40 Sek. schnell, 15´ locker	Pause	Schwellenlauf: 15´ locker, 15´ an der Schwelle, 15´ locker
	24.	Pause	lockerer Dauerlauf 50 Min., Dehnen	Pause
	25.	lockerer Dauerlauf 50´, Dehnen	Pause	lockerer Dauerlauf 40´, abschließend Sprints 3 x 15 Sek., Dehnen
	26.	Pause	lockerer Dauerlauf 40 Min., Dehnen	Pause
	27.	lockerer Dauerlauf 40´, Dehnen	Pause	Pause
	28.	langer Dauerlauf 1:10 Std. locker	längerer Dauerlauf: 1:30 Std. locker	Halbmarathon

'steht als Abkürzung für Minuten. Lesebeispiel: 30' = 30 Minuten

KAPITEL

03 Trainieren in Balance

Wer viel läuft, beansprucht vor allem die Beinmuskulatur. Das ist klasse, dadurch werden Oberschenkel und Waden gekräftigt und straff. Damit aber die anderen Muskelgruppen des Körpers nicht schlapp und steif werden, hilft nur ein Ganzkörpertraining: Mit Kraftübungen und Stretching bleibt Ihre Figur in Balance.

KRAFTTRAINING: GESTÄRKTE HARMONIE VON KOPF BIS FUSS

- Für sportlich schlanke Beine
- Für einen straffen Bauch
- Für einen knackigen Po
- Für ein schönes Dekolleté, feste Arme und gerade Schultern

STRETCH & RELAX: RICHTIG DEHNEN FÜR MEHR BEWEGLICHKEIT

So werden Muskeln und Sehnen geschmeidig

Gestärkte Harmonie von Kopf bis Fuß

Teamwork ist angesagt in unserem Körper: Alle Muskeln, Sehnen und Bänder arbeiten zusammen, geben uns Kraft und Sicherheit im Auftritt. Damit das auch funktioniert, müssen wir neben den Beinmuskeln auch noch die anderen großen Muskelgruppen des Körpers trainieren – zum Beispiel mit diesen 13 Kraftübungen.

Dieses Training strafft Ihre Formen und hält Ihren ganzen Körper im muskulären Gleichgewicht. Damit Sie die Erfolge auch genießen können, sollten Sie dieses Kraft-Workout zwei- bis dreimal die Woche für circa 30 Minuten machen. Entweder hängen Sie es einfach an Ihr Lauftraining an oder machen es an den trainingsfreien Tagen. Dann sollten Sie sich aber vorab aufwärmen, um Verletzungen zu vermeiden: Gehen oder laufen Sie dazu fünf Minuten auf der Stelle, Knie schön hoch und Arme schwungvoll mitnehmen. Dann können Sie mit den Muskelübungen loslegen.

Nach dem Workout am besten auch noch einmal kurz den Kreislauf ankurbeln und fünf Minuten zügig auf der Stelle walken oder joggen. Dadurch können Ihre Muskeln die Stoffwechselabbauprodukte, die während des Trainings angefallen sind, besser abtransportieren. Wenn Sie dann noch die drei Stretching-Übungen von Seite 38 anschließen, ist Ihr Training perfekt abgerundet!

UND SO GEHT'S: Machen Sie pro Übung drei Staffeln mit der jeweils angegebenen Wiederholungszahl. Lassen Sie zwischen den einzelnen Serien eine Minute Pause, und nutzen Sie die Zeit, die beanspruchten Muskeln zu lockern durch leichtes Schütteln, Massieren und Ausstreichen der Muskelpartien. Achten Sie darauf, dass Sie bei den Übungen keine ruckartigen Bewegungen machen und die ganze Zeit entspannt und regelmäßig weiteratmen.

Wenn Ihnen einzelne Übungen nach einigen Trainingseinheiten zu leicht erscheinen, erhöhen Sie einfach die Wiederholungszahl etwas, oder nutzen Sie unsere Variationsvorschläge. Sind Ihnen die Übungen zu schwer, beginnen Sie mit weniger Wiederholungen.

Für sportlich schlanke Beine

STRAFFEN DER OBERSCHENKELINNENSEITEN

1. Inside Lift Auf die rechte Seite legen, mit dem Unterarm abstützen. Linken Fuß hinten auf dem Boden aufstellen. Das gestreckte rechte Bein vorn langsam anheben und absenken. Kurz bevor das Bein den Boden berührt, wieder nach oben bewegen. Seitenwechsel. *12 Mal pro Seite*

FORMEN DER OBERSCHENKELAUSSENSEITEN

2. Side Lift Auf die Seite legen, Knie auf der rechten Seite aufsetzen, mit dem rechten Unterarm auf dem Boden abstützen. Das linke Bein ausstrecken, langsam die Hüfte seitlich etwas anheben – Ferse, Bein, Hüfte und Oberkörper bilden in etwa eine Linie – und wieder absenken. Seitenwechsel. *12 Mal pro Seite*

POWER-VARIATION

Übung 1: Am obersten Punkt das angehobene Bein in schnellen Mini-Bewegungen noch ca. 15 Sekunden auf und ab bewegen.

Für einen straffen Bauch

TRAINING DER GERADEN BAUCHMUSKELN: DAS MACHT DEN BAUCH FLACH

1. Crunch Auf den Rücken legen, Beine leicht anwinkeln. Hände flach hinter dem Kopf verschränken, Ellenbogen nach hinten unten ablegen. Nun mit geradem Oberkörper hochkommen, Hände stützen leicht den Kopf, die Ellenbogen bleiben aber parallel zum Kopf. Kurz halten, dann langsam wieder ablegen. Kurz bevor der Oberkörper den Boden berührt, stoppen und wieder hochkommen. Bauch- und Rückenmuskeln während der ganzen Übung angespannt halten, den Bauchnabel dabei Richtung Wirbelsäule ziehen. *12 Wiederholungen*

2. Powerbridge In den Vierfüßlerstand gehen, Zehen aufgestellt. Bauch anspannen, Bauchnabel Richtung Wirbelsäule ziehen. Hände und Zehen so in den Boden drücken, dass sich die Knie etwas abheben. Dann Hände und Füße leicht aufeinander zubewegen, ohne ihre Position wirklich zu verändern. Dabei alle Muskeln anspannen. Spannung beim Ausatmen aufbauen, beim Einatmen wieder lösen. Knie bleiben die ganze Zeit in der Luft. *12 Wiederholungen*

TRAINING DER SCHRÄGEN BAUCHMUSKELN: DAS FORMT DIE TAILLE

3. Schräger Crunch In Rückenlage beide Beine so anheben, dass zwischen Ober- und Unterschenkel ein rechter Winkel entsteht. Kopf und Schultern etwas vom Boden abheben. Fingerspitzen an den Hinterkopf legen, Ellenbogen etwas nach hinten unten drücken. Nun Knie ganz leicht zur linken Seite drehen, gleichzeitig den linken Arm vom Kopf lösen und zur rechten Seite hin ausstrecken. Zurück in die Mittellage gehen, beide Hände sind wieder am Hinterkopf. Dann dasselbe zur anderen Seite. Übung immer im Wechsel wiederholen.
12 Mal pro Seite

4. Sideturn Rückenlage, Arme über dem Kopf gestreckt. Rechtes Knie an den Bauch ziehen, linkes Bein dabei ausgestreckt flach über dem Boden halten. Nun mit der linken Hand an die rechte Fußsohle greifen. Seitenwechsel. Immer im Wechsel gegengleich beugen und strecken. Dabei kein Hohlkreuz machen.
12 Mal pro Seite

POWER-VARIATION

Übung 1 (linke Seite): Beine während der Übung vom Boden abheben, als würde man die Waden auf einem Stuhl ablegen. Zwischen Ober- und Unterschenkel und in der Hüfte entsteht ein rechter Winkel.

Übung 4 (rechte Seite): Statt mit der Hand an die gegenüberliegende Fußsohle zu greifen, nun mit Kraft von vorn gegen den Oberschenkel drücken. Dabei gut ausatmen. Beim nächsten Einatmen wechseln und beim Ausatmen wieder fest gegen den Oberschenkel drücken.

Für einen knackigen Po

TRAINIERT DEN GROSSEN GESÄSSMUSKEL, STRAFFT DEN PO

1. Back-Lift Gewicht auf das rechte Bein verlagern, Bein dabei leicht beugen. Linkes Bein gestreckt nach hinten anheben, bis Sie eine Spannung im Po spüren. Wichtig: Nicht ins Hohlkreuz fallen, Bauch- und Rückenmuskeln anspannen. Langsam wieder senken. Wer mag, hält sich bei dieser Übung am Türrahmen oder an einem Baum fest. Seitenwechsel.
12 Mal pro Seite

2. Po-Lift Auf den Rücken legen, Beine angewinkelt aufstellen, Arme sind zur Seite ausgestreckt. Po fest anspannen und anheben. Oberschenkel, Po und Rücken sollten eine Linie bilden. Po langsam senken. Kurz bevor er den Boden berührt, wieder anheben.
12 Wiederholungen

3 Leg-up-Lift Vierfüßlerstand, in den Unterarmstütz gehen. Das linke Bein so anheben, dass das Knie genau auf Hüfthöhe ist, Ober- und Unterschenkel bilden einen 90-Grad-Winkel, Fußspitze anziehen. Nun den Oberschenkel leicht nach oben anheben und wieder bis auf Hüfthöhe absenken. Seitenwechsel.
12 Mal pro Seite

POWER-VARIATION

Übung 2 (linke Seite): Po anheben, bis Oberschenkel, Po und Rücken eine gerade Linie bilden. Das linke Knie anwinkeln und an den Bauch ziehen. Dann das Bein so nach vorn ausstrecken, dass sich beide Oberschenkel parallel auf gleicher Höhe befinden. Im Wechsel 12 Mal beugen und strecken, der Po bleibt angehoben und fest angespannt. Kurze Pause machen. Seitenwechsel.

Übung 3 (rechte Seite): Oberschenkel so weit anheben, dass er sich oberhalb der Hüfte befindet, kein Hohlkreuz machen. Ca. 15 Sekunden pro Seite kleine, schnelle Mini-Bewegungen auf und ab machen.

Für ein schönes Dekolleté, feste Arme und gerade Schultern

TRAINING DER BRUSTMUSKELN

1. Push (für die Übungen Hanteln [1,5 kg] oder gefüllte Wasserflaschen [1 l] nutzen). Mit dem Rücken auf den Boden legen, beide Beine aufstellen. Arme mit Hanteln nach oben ausstrecken, Ellenbogen leicht gebeugt, die Handrücken zeigen nach außen. Arme ausgestreckt langsam seitlich öffnen und zum Boden führen. Kurz bevor sie den Boden berühren, stoppen und wieder anheben. Die Hanteln sollen sich im höchs-ten Punkt nicht berühren. Wieder absenken. Die Ellenbogen bleiben während der Übung leicht gebeugt. *12 Wiederholungen*

2. Liegestütz Hände in Schulterbreite aufsetzen, Fingerspitzen zeigen nach vorn. Knie oberhalb der Kniegelenke aufstellen. Bauch und Po anspannen, Rücken und Po bilden eine gerade Linie. Ellenbogen beugen, Rumpf gerade nach unten bewegen, bis das Kinn etwa 5 Zentimeter über dem Boden ist. Körper langsam wieder hochdrücken. Sind die Hände weiter als schulterbreit aufgesetzt, werden vor allem die Brustmuskeln trainiert, sind sie enger, vor allem die Rückseite der Oberarme. *12 Wiederholungen*

POWER-VARIATION

Übung 2 (li. Seite): Den Liegestütz mit gestreckten Beinen ausführen. Wer's noch schwerer möchte: Füße leicht erhöht aufsetzen (z.B. auf einer Bank)

Übung 3 (re. Seite): Ellenbogen etwas höher als Schulterhöhe heben, dann für ca. 15 Sekunden kleine, schnelle Mini-Bewegungen auf und ab machen.

TRAINING DER SCHULTERMUSKELN

3. Stemmen Im Stand Knie leicht gebeugt. Po und Bauch anspannen. Mit Hanteln in der Hand Oberarme auf Schulterhöhe heben. Unterarme 90 Grad nach oben anwinkeln. Unterarme nah zusammenbringen, Daumen nach außen. Ellenbogen nun 10 Zentimeter heben und langsam wieder auf Schulterhöhe senken. *12 Mal*

TRAINING DER OBERARMRÜCKSEITE

4. Back flex Rechten Arm mit einer Hantel über den Kopf nach oben führen, bis sich der Oberarm direkt neben dem Kopf befindet. Unterarm nach hinten beugen, Ellenbogen mit der linken Hand fixieren. Unterarm nun nach oben ausstrecken und langsam wieder beugen.
Gleiche Übung mit dem linken Arm wiederholen.
12 Mal pro Seite

Richtig dehnen für mehr Beweglichkeit

Ausdauer und Krafttraining sind die Grundlage für Fitness und ein gutes Körpergefühl. Jetzt noch Muskulatur, Sehnen und Bänder regelmäßig stretchen, und Sie bleiben beweglich und senken Ihr Verletzungsrisiko.

Stretching macht nicht nur die Muskeln geschmeidig, sondern entspannt gleichzeitig auch noch. Durch das Dehnen und Loslassen der Muskeln bekommt unser Körper auf allen Nervenbahnen das Signal: Relax! Ideal für ein gelassenes Workout und super, um zur Ruhe zu kommen. Sie können dieses Programm nach dem Joggen oder Krafttraining machen. Oder Sie suchen sich einen Tag, an dem Sie einfach nur stretchen und relaxen.

SO GEHT'S:

Es gibt statische und dynamische Dehntechniken. Bei der statischen Variante wird die Position eingenommen und für 10–60 Sekunden gehalten. Bei der dynamischen Variante werden an der Dehngrenze 5–10 kleine, federnde Bewegungen gemacht. Für Anfängerinnen und zur Entspannung sind statische, für Fortgeschrittene sind dynamische Dehnungen empfehlenswert.

Freizeitläuferinnen stretchen oft gerne direkt vor dem Joggen. Dazu ist dieses Programm zu komplex und mit den vielen Bodenübungen oft einfach nicht draußen machbar. Nutzen Sie im Freien lieber das kleine Warm-up und Cool-down von Seite 39.

Wenn Sie das Programm zu Hause direkt an Ihren Trainingslauf anschließen möchten, klappt das am besten statisch mit sanfter bis mittlerer Intensität. Jede Dehnung sollten Sie etwa 10–60 Sekunden lang halten, pro Übung 2–3 Mal.

Die Dehnung wirkt am besten, wenn Sie ein leichtes Ziehen verspüren. Achten Sie darauf, die Übungen richtig, langsam und konzentriert auszuführen, sonst können Muskeln auch mal zerren.

Generell gilt: Anfängerinnen stretchen statisch, Fortgeschrittene dynamisch – wird in der Übung die Wahl gegeben.

Atmen Sie während der Übung immer gleichmäßig weiter oder atmen Sie in der Dehnposition aus.

Stretch & Relax – das Programm

1. FÜR EINEN WEITEN BRUSTKORB

Füße mehr als hüftbreit öffnen, Zehen zeigen leicht nach außen, die Knie sind etwas gebeugt und über der Fußmitte. Brustkorb nach vorn oben aufrichten, Kopf in Verlängerung der Wirbelsäule, Kinn parallel zum Boden. **So dehnen:** Beide Arme seitlich anheben (die Ellenbogen etwas höher als die Schultern) und nach hinten führen, bis eine Dehnung im Brustkorb spürbar wird. Ellenbogen sind leicht gebeugt, die Handflächen zeigen nach innen. Position 10–60 Sekunden halten, weiteratmen oder, an der Dehngrenze ausatmend, 5–10 kleine, federnde Bewegungen ausführen. **Wichtig:** Oberkörper aufrecht, Becken in Mittelstellung – nicht ins Hohlkreuz ausweichen. Schultern immer weg von den Ohren ziehen.

2. FÜR EINEN FLEXIBLEN RÜCKEN

Kleine Grätsche machen, der Oberkörper ist aufgerichtet und in leichter Vorlage. Die rechte Hand stützt sich am Oberschenkel ab, die Finger zeigen dabei nach unten. Den linken Arm nach oben strecken.

So dehnen: Oberkörper zur Seite neigen, sodass an der Außenseite ein Ziehen spürbar wird. Position 10–60 Sekunden halten. In die gedehnte Seite atmen oder den Oberkörper im Ausatmen 5–10 Mal sanft zur Seite neigen. Seitenwechsel.

Wichtig: Die Knie bleiben leicht gebeugt und über dem Fuß. Den Brustkorb nach vorn und oben strecken. Der Kopf folgt der Neigung der Wirbelsäule. Schultern nach außen und unten ziehen, weg von den Ohren. Nicht mit der Hüfte ausweichen.

3. FÜR SPIELRAUM VON HALS UND NACKEN

Füße mehr als hüftweit öffnen (kleine Grätsche), Füße zeigen leicht nach außen, die Knie sind etwas gebeugt und befinden sich über der Fußmitte. Brustkorb nach vorn und oben aufrichten, der Kopf ist in Verlängerung der Wirbelsäule. Die Arme nach unten neben den Oberkörper strecken. Die Handflächen zeigen nach vorn.

So dehnen: Brustkorb weiter aufrichten und Kopf in weitem Bogen nach vorn neigen, bis ein Ziehen im Nacken zu spüren ist. Dehnung 10–60 Sekunden halten und weiteratmen.

Variation: Den Kopf aus der Ausgangsstellung in weitem Bogen sanft nach rechts bzw. links neigen. Jetzt ist ein seitliches Ziehen am Hals spürbar. Ebenso je 10–60 Sekunden lang halten.

Wichtig: Den Brustkorb immer schön weit nach vorn und oben aufrichten. Schultern symmetrisch nach unten und außen und weg von den Ohren ziehen.

4. FÜR ELASTISCHE WADEN

Mit dem linken Fuß einen Schritt nach vorn machen, der rechte Fuß setzt hinten auf – beide Fußspitzen zeigen nach vorn. Der Oberkörper ist in sich aufgerichtet und aus der Hüfte leicht nach vorn geneigt, Beinrückseite und Oberkörper bilden eine Linie.

So dehnen: Das hintere Bein strecken und die Ferse in den Boden drücken, dabei die Hüfte nach vorn schieben. Diese Stellung 10–60 Sekunden halten oder 5–10 Mal dynamisch die hintere Ferse heben und senken. Gleichmäßig weiteratmen. Aus dieser Position das Gewicht auf das hintere Bein verlagern, die hintere Ferse am Boden lassen und das hintere Knie beugen, sodass die Dehnung in Richtung der Ferse spürbar ist. Der Oberkörper kommt in die Mitte. Position wie oben halten oder das hintere Knie 5–10 Mal sanft strecken und beugen.

Wichtig: Füße zeigen genau nach vorn – nicht nach innen oder außen drehen. Oberkörper ist immer in sich aufgerichtet (Brustbein heben!).

5. FÜR DIE HINTERE OBERSCHENKELMUSKULATUR

Auf alle viere gehen, Gewicht auf das linke Bein verlagern, der linke Oberschenkel steht etwa senkrecht. Rechtes Bein nach vorn strecken, den Oberkörper so weit wie möglich nach vorn neigen und mit den Händen am Boden abstützen.
So dehnen: Becken kippen und das Steißbein nach hinten ziehen (als wollte man ein »Mini-Hohlkreuz« machen). Das vordere Bein ist dabei leicht im Knie gebeugt, der Fuß locker. 10–60 Sekunden halten, weiteratmen oder das Becken sanft 5–10 Mal kippen (Richtung »Hohlkreuz«). Seitenwechsel.
Variation: Die gleiche Dehnungsposition, nur das vordere Bein ist im Knie gestreckt (nicht überstreckt), der Fuß bleibt locker. 10–60 Sekunden halten oder das Becken wie oben kippen. Seitenwechsel.
Wichtig: Das Knie unterpolstern. Den Rücken so weit wie möglich strecken.

6. FÜR DIE HÜFTE UND DIE OBERSCHENKELVORDERSEITE

Aus der Position von Übung 5 das Gewicht nach vorn auf das linke Bein verlagern, sodass der Unterschenkel senkrecht steht. Die Hände stützen sich am Boden ab. Der hintere Unterschenkel liegt am Boden und zeigt gerade nach hinten – nicht nach innen oder außen drehen.
So dehnen: Die hintere rechte Hüfte jetzt nach vorn schieben, bis die Dehnung in der rechten Leiste spürbar wird. 10–60 Sekunden halten, weiteratmen oder 5–10 Mal die rechte Hüfte sanft nach unten schieben.
Variation 1 (Mitte): Die hintere rechte Hüfte gestreckt lassen und den hinteren Unterschenkel vom Boden anheben. Wie oben 10–60 Sekunden halten.
Variation 2 (unten): Für Fortgeschrittene: mit einer Hand den Fuß umfassen und Richtung Gesäß ziehen (Abstand zwischen Fuß und Po lassen). 10–60 Sekunden halten.
Wichtig: Die komplette Dehnung auf der anderen Seite wiederholen. Das Gewicht ist beim hinteren Bein etwas oberhalb der Kniescheibe. Die Hüfte nicht verdrehen.

7. FÜR EINEN FORMVOLLENDETEN PO

Auf den Boden setzen, die Hände stützen sich hinter dem Becken am Boden ab. Beine anwinkeln, Füße stehen in weitem Abstand zum Becken am Boden.

So dehnen: Rechtes Fußgelenk über den linken Oberschenkel, dicht übers linke Knie legen. Gewicht auf beide Beckenseiten gleichmäßig verteilen, Becken in Richtung Sitzbeine kippen, sodass sich der untere Rücken streckt, Brustkorb nach vorn oben aufrichten, das rechte Knie nach außen drücken. Die Dehnung ist rechts außen an Hüfte und Po zu spüren. 10–60 Sekunden halten, tief atmen.

Variation: Aus dieser Position heraus jetzt den linken Fuß in Richtung Schienbein ziehen, die Dehnung wird so intensiver. Ebenso lange halten.

Wichtig: Oberkörper möglichst senkrecht halten, keine zu starke Rücklage. Das Becken nach vorn auf die Sitzbeine kippen. Hände stützen sich am Boden ab.

8. FÜR EINE DEHNBARE OBERSCHENKELINNENSEITE

Auf den Rücken legen, Beine etwa über der Hüfte in die Luft strecken.

So dehnen: Beine nach außen öffnen, Knie dabei leicht beugen und die Füße locker hängen lassen. Die Hände drücken gegen die Oberschenkelinnenseite leicht nach außen und unten. Der Brustkorb ist aufgerichtet, die Schultern weg von den Ohren ziehen. Der Hinterkopf liegt am Boden. 10–60 Sekunden halten oder im Ausatmen 5–10 Mal nach außen schieben.

Variation 1: Aus dieser Position heraus jetzt beide Knie strecken, Füße locker lassen.

Variation 2: Aus der letzten Dehnung heraus jetzt die Füße für 3–5 Sekunden in Richtung Schienbein ziehen.

Wichtig: Becken in der Mittelstellung. Kopf bleibt am Boden, evtl. auf Kissen.

9. FÜR EINEN BEWEGLICHEN RÜCKEN
Rückenlage, beide Beine zum Oberkörper ziehen.
So dehnen: Die Oberschenkel nun von hinten umfassen und noch dichter an den Oberkörper ziehen. 10–60 Sekunden halten oder 5–10 Mal dynamisch dichter heranziehen. Dabei in den Rücken atmen.
Wichtig: Der Hinterkopf bleibt entspannt am Boden liegen, evtl. ein Kissen unterlegen. Brustkorb immer aufrichten.

10. FÜR MEHR SPIELRAUM DER WIRBELSÄULE

Auf den Rücken legen, gebeugte Beine aufstellen. Arme seitlich auf Schulterhöhe am Boden ablegen, die Handflächen zeigen nach oben.

So dehnen: Beide Beine geschlossen nach einer Seite am Boden ablegen. Das Becken dreht mit in die Richtung der Beine, der Kopf zeigt in die Gegenrichtung. Den Brustkorb aufrichten und beide Schultern Richtung Boden senken. 10–60 Sekunden halten und in die gedehnte Seite atmen. Seitenwechsel.

Wichtig: Knie bleiben geschlossen und in Seitlage genau übereinander. Arme strecken und den Brustkorb aufrichten. Schulterblätter möglichst am Boden halten.

ZUR ENTSPANNUNG

Auf den Rücken legen, beide Beine locker strecken und etwas mehr als hüftweit öffnen. Die Füße locker lassen. Die Arme seitlich neben dem Oberkörper am Boden ausstrecken, die Hände entspannt lassen. Die Handflächen zeigen nach oben. Der Kopf liegt in Verlängerung der Wirbelsäule, Augen schließen.

So entspannen: Aufmerksamkeit in den Körper lenken und Atem fließen lassen.

KAPITEL

04 Laufen für die Figur

Feste Beine und eine harmonische Silhouette – können Sie haben! Mit vernünftiger Ernährung, dem richtigen Lauf- und Krafttraining verlieren Sie ein paar Pfunde und bauen gleichzeitig straffende Muskulatur an den richtigen Stellen auf.

BURN BABY BURN:
Ordentlich Fett verbrennen mit Sport
Wissenswertes zu Fettverbrennungspuls, Nachbrenneffekt, Trainingsintensität und Muskelaufbau

DEN PFUNDEN EINFACH DAVONLAUFEN
In zwei Monaten bis zu drei Kilo verlieren – mit dem passenden Trainingsplan zur Wunschfigur

IN FORM MIT PILATES
Das Workout für einen flachen Bauch und eine harmonische Figur

Burn baby burn: Ordentlich Fett verbrennen mit Sport

Wir trainieren und schon kommt im Körper einiges in Bewegung: Unsere Muskeln arbeiten auf Hochtouren und kurbeln den Stoffwechsel ganz schön an. So werden aus Hüftpolstern straffe Muskeln.

Aus Fett mach Muskeln – so einfach ist es leider nicht. Aber fast, denn unser Körper braucht Energie, um Muskeln aufzubauen. Und eines der größten Energiedepots im Körper ist unsere Fettschicht. Obwohl wir sie meist nicht gerade schön finden, brauchen wir sie wie Lunge, Leber und Muskeln. Okay, über ihren Umfang lässt sich diskutieren – aber wenn wir Sport treiben, ist sie ein hervorragender Treibstofflieferant, der uns durchhalten lässt. Und: Wir können sogar gezielt auf unsere Fettreserven zurückgreifen, um sie abzubauen. Wie? Mit dem richtigen Training.

ABNEHMEN IM PULSRHYTHMUS

Bloß nicht schnell laufen, wenn man abnehmen will. Das hörte und hört man immer wieder in Fitness-Studios und unter Sportlerinnen. Der Fettverbrennungspuls läge um die 130. Das ist nicht ganz falsch, aber auch nicht ganz richtig. Denn effektives Abnehmen funktioniert nicht (nur) über das Training im sogenannten Fettverbrennungsbereich (siehe auch S. 17f. = Trainieren mit dem Pulsschlag). Mit dem Laufen innerhalb dieses Pulsbereichs bringen wir lediglich unseren Stoffwechsel dazu, während des Trainings möglichst ökonomisch auf die Fettdepots zurückzugreifen (siehe S. 10 = Die Basics der Trainingslehre). Das heißt, bei diesem moderaten Tempo gewinnen die Muskeln im Verhältnis zur geleisteten Arbeit die meiste Energie aus den Fettzellen. Sie greifen deutlich weniger auf Kohlenhydrate aus den Depots in Muskeln und Leber zurück.

Laufen wir aber schneller, steigt auch unser Gesamtbedarf an Energie. Der Körper nutzt dann verstärkt Kohlenhydrate als Brennstoff. Der Fettverbrauch ist im Verhältnis dazu dann geringer. Allerdings: Insgesamt gesehen werden dadurch, dass wir mehr Energie verbrauchen, auch mehr »Fett-Kalorien« verbrannt. Unter dem Strich wird durch ein intensiveres Training also auch mehr Fett abgebaut. Aber man muss das Tempo auch durchhalten können. Sonst verfeuern wir im Endeffekt bei einem kurzen intensiven Training weniger Fett als bei einem langen, langsamen Lauf.

Letztendlich also zählt nur die schnöde Kalorienbilanz: Wir müssen einfach mehr Kalorien verbrauchen, als wir mit Essen zu uns nehmen. An beiden Schrauben können wir natürlich drehen: bewusster essen oder mehr bewegen – am besten beides.

SO SCHÄTZEN SIE SICH EIN

Abnehmen oder Gewicht halten? Bevor Sie das Training beginnen, sollten Sie Ihren Body-Mass-Index (BMI) errechnen:

$$\text{BMI} = \frac{\text{Körpergewicht in Kilogramm}}{(\text{Körpergröße in Metern})^2}$$

Ein BMI zwischen 18,5 und 24,9 gilt als Normalgewicht, zwischen 25 und 29,9 als leichtes Übergewicht. Bei einem BMI über 30 oder unter 18,5 sollten Sie das Gespräch mit Ihrem Arzt suchen.

PFUNDSTRAINING FÜR EINSTEIGERINNEN

Für Laufanfängerinnen ist das Fettverbrennungs-Bummeltempo genau richtig. Laufen Sie ruhig sehr langsam mit Wohlfühl-Faktor. So lernt Ihr Körper, den Fettstoffwechsel richtig zu nutzen. Sie überfordern sich nicht und halten das Training länger durch – optimaler Kalorienverbrauch inklusive. Zudem schaffen Sie sich langsam eine gute Ausdauerbasis. Langfristig können Sie sich so steigern und immer besser Fett verbrennen.

Einen Kick fürs Abnehmen bringen gelegentliche Tempoeinheiten – in unserem Laufprogramm die Stoffwechselläufe. Sie rütteln den Körper immer wieder wach und halten ihn an, weiter kräftig Pölsterchen abzubauen.

FATBURN-TEMPO FÜR LÄUFERINNEN

Fortgeschrittene dürfen schneller laufen und so den Kalorienverbrauch erhöhen. Ihr Puls passt sich ohnehin dem guten Trainingszustand an – er schnellt nicht mehr so sehr in die Höhe. Die Folge: Sie können bei gleicher Herzfrequenz zügiger laufen, denn ein trainierter Stoffwechsel kann sehr viel schneller und effektiver auf die Fettreserven zugreifen. Machen Sie zwischendurch ruhig noch etwas mehr Tempo, und verbessern Sie so Ihre Energiebilanz. Trotzdem, vernachlässigen Sie nicht die langen, moderaten Läufe für die Grundlagenausdauer – sie sind die Basis für alles.

VORHEIZEN DER MUSKELÖFCHEN IST UNNÖTIG

Auch wenn sich das Gerücht hartnäckig hält – die Muskeln beginnen nicht erst nach zwanzig Minuten, Fett zu verbrennen, sondern schon mit dem ersten Schritt. Allerdings ist unser Stoffwechsel ein bisschen träge und kommt in puncto Fettverbrennung nur langsam auf Touren. Bequem verfeuert er zu Beginn erst einmal die leichter verfügbaren Kohlenhydrate aus dem Blut und dann zunehmend auch Fettreserven. Das bedeutet: Je länger Sie joggen, desto mehr Pölsterchen schmelzen, weil die Fettverbrennung von Minute zu Minute besser läuft.

DIE MÜHE LOHNT SICH

Nach dem Training läuft der Stoffwechsel noch bis zu 48 Stunden auf Hochtouren – je intensiver das Training war, desto mehr Fett wird dabei verbrannt. Unabhängig davon, ob Sie im Fettverbrennungspuls trainiert, Ihre Muskeln gekräftigt, Sprints absolviert oder nach dem Training etwas gegessen haben.

FÜR AUFGEWECKTE: MORGEN-JOGGING

Laufen vor dem Frühstück bringt den Fettstoffwechsel mächtig auf Touren. Magen und Kohlenhydratspeicher sind nach der langen Esspause und der nächtlichen Regenerationsarbeit der Zellen ziemlich leer. Ihr Körper muss dadurch zur Energiegewinnung schneller an die Fettreserven. Ein Glas Apfelsaftschorle vor der Morgenrunde schützt vor dem unerwünschten Abbau von wertvollen Aminosäuren. Allerdings sollten Sie keine intensiven oder langen Läufe zu dieser Tageszeit planen, sondern entspannt maximal eine Stunde joggen. Sonst überfordern Sie Ihren Körper, und er geht zur Energiegewinnung an seine Substanz.

FETT WEG MIT VIEL POWER

Ausdauersportarten wie Laufen kurbeln also ideal den Stoffwechsel und damit die Fettverbrennung an. Aber Muskeln helfen uns auch gewaltig, abzunehmen oder das Gewicht zu halten. Denn Muskeln brauchen mehr Energie als Fettgewebe. Und das nicht nur beim Sport, sondern auch, wenn wir nur sitzen oder schlafen. Darum ist es absolut sinnvoll, das Ausdauertraining mit einem Kraft-Workout zu kombinieren.

GUT ZU WISSEN

Um ein Kilo Fett abzunehmen, müssen 7000 Kilokalorien in der Energiebilanz eingespart werden. Beim Joggen verbraucht der Körper durchschnittlich 600 Kilokalorien pro Stunde – abhängig von Körpergröße und -gewicht sowie Trainingsintensität. Das heißt, je schneller Sie laufen und je schwerer Sie sind, desto mehr Kalorien verbrennt Ihr Körper pro Minute. Eine 65 Kilo schwere Frau verbrennt bei zügigem Lauftempo ca. 690 kcal pro Stunde.

Den Pfunden einfach davonlaufen

Das Ziel ist klar: Ein paar ungeliebte Kilos sollen schmelzen.
Der Weg ist auch bekannt: Immer geradeaus – und zwar zu Fuß.
Genauer: im Laufschritt. Also: Los geht's!

IHR TRAININGSPLAN:
DAS FETTVERBRENNUNGSPROGRAMM

Ihr Ziel: Abnehmen und straffe Formen

Ihr Zeitaufwand: Zwei Monate, je drei Trainingseinheiten die Woche (40 Min. bis 1:40 Std.) / plus Kräftigungsprogramm.

So funktioniert Ihr Programm
Unser Körper ist schlau und fordert sein Recht auf Bestandswahrung. Und trotzdem funktioniert es, sogar ohne Diät, die Energiebilanz des Körpers zu verändern. Mit dem Trainingsplan werden Sie mehr Kalorien verbrauchen, als Sie zu sich nehmen, wenn Sie normal weiteressen. Dann können Sie während des Programms rund drei Kilo verlieren.

Das Entscheidende sind lange Trainingseinheiten, der Aufbau von Muskulatur und konsequentes Durchhalten. Denn Sie möchten Ihren Stoffwechsel dauerhaft ankurbeln. Das ist ein Umlernprozess, für den der Körper einfach eine gewisse Zeit braucht.

Bei diesem Training laufen Sie eher langsam. Die Anstrengung ist leicht bis mittelschwer. So halten Sie länger durch. Denn nicht nur die Fettverbrennung während des Trainings ist wichtig, sondern auch die nach dem Joggen – dieses Nachbrennen ist sogar intensiver und dauert bis zu 48 Stunden.

Ihre Gangart: Laufen Sie möglichst in einem gleichmäßigen Tempo. Die schnelleren wöchentlichen Stoffwechselläufe verbessern Kondition und Energiebilanz.

Ihr Tempo:
»sehr locker« = 50 bis 65 Prozent der maximalen Herzfrequenz*
»locker« = 65 bis 75 Prozent der maximalen Herzfrequenz*

Auf was Sie achten sollten: Ergänzen Sie Ihr Lauftraining mit einem Kräftigungsprogramm – am besten mit dem Pilates-Workout ab Seite 80.

* Ihre Faustformel: 226 minus Lebensalter. Siehe auch S. 18.

ZIEL: EINE SCHÖNE FIGUR

1. Monat

Woche	Tag	Programm
AUFBAUWOCHE I	1.	Pause
	2.	lockerer Dauerlauf 40 Min., Dehnen
	3.	Pause
	4.	Stoffwechsellauf: 20 Min. locker, 5 x 1 Min. schnell, 20 Min. locker
	5.	Pause
	6.	Kräftigungsprogramm, Ganzkörper/Rumpf
	7.	langer, sehr lockerer Dauerlauf 60 Min., Dehnen
AUFBAUWOCHE II	8.	Pause
	9.	lockerer Dauerlauf 45 Min., Dehnen
	10.	Pause
	11.	Stoffwechsellauf: 20 Min. locker, 6 x 1 Min. schnell, 20 Min. locker
	12.	Pause
	13.	Kräftigungsprogramm, Ganzkörper/Rumpf
	14.	langer, sehr lockerer Dauerlauf 70 Min., Dehnen
AUFBAUWOCHE III	15.	Pause
	16.	lockerer Dauerlauf 50 Min., Dehnen
	17.	Pause
	18.	Stoffwechsellauf: 20 Min. locker, 8 x 1 Min. schnell, 20 Min. locker
	19.	Pause
	20.	Kräftigungsprogramm, Ganzkörper/Rumpf
	21.	langer, sehr lockerer Dauerlauf 80 Min., Dehnen
RELAXWOCHE IV	22.	Pause
	23.	lockerer Dauerlauf 40 Min., Dehnen
	24.	Pause
	25.	lockerer Dauerlauf 50 Min., Dehnen
	26.	Pause
	27.	Kräftigungsprogramm, Ganzkörper/Rumpf
	28.	langer, sehr lockerer Dauerlauf 60 Min., Dehnen

2. Monat

Woche	Tag	Programm
AUFBAUWOCHE I	1.	Pause
	2.	lockerer Dauerlauf 50 Min., Dehnen
	3.	Pause
	4.	Stoffwechsellauf: 20 Min. locker, 3 x 2 Min. schnell, 20 Min. locker
	5.	Pause
	6.	Kräftigungsprogramm, Ganzkörper/Rumpf
	7.	langer, sehr lockerer Dauerlauf 80 Min., Dehnen
AUFBAUWOCHE II	8.	Pause
	9.	lockerer Dauerlauf 60 Min., Dehnen
	10.	Pause
	11.	Stoffwechsellauf: 20 Min. locker, 4 x 2 Min. schnell, 20 Min. locker
	12.	Pause
	13.	Kräftigungsprogramm, Ganzkörper/Rumpf
	14.	langer, sehr lockerer Dauerlauf 90 Min., Dehnen
AUFBAUWOCHE III	15.	Pause
	16.	lockerer Dauerlauf 60 Min., Dehnen
	17.	Pause
	18.	Stoffwechsellauf: 20 Min. locker, 5 x 2 Min. schnell, 20 Min. locker
	19.	Pause
	20.	Kräftigungsprogramm, Ganzkörper/Rumpf
	21.	langer, sehr lockerer Dauerlauf 1:40 Std., Dehnen
RELAXWOCHE IV	22.	Pause
	23.	lockerer Dauerlauf 40 Min., Dehnen
	24.	Pause
	25.	lockerer Dauerlauf 50 Min., Dehnen
	26.	Pause
	27.	Kräftigungsprogramm, Ganzkörper/Rumpf
	28.	langer, sehr lockerer Dauerlauf 60 Min., Dehnen

In Form mit Pilates

Classic New York Style

Zehn Basisübungen für eine formvollendete Körpermitte: flacher Bauch, schmale Taille und definierte Hüfte. Zusammen sorgen die trainierten Muskeln für eine super Haltung und eine schlanke Silhouette. Die optimale Ergänzung zu Ihrem Laufprogramm.

Darauf sollten Sie beim Training achten:

Joseph Pilates hat sechs Grundprinzipien aufgestellt, die für jede Übung wichtig sind:

1. KONZENTRATION Konzentrieren Sie sich bei jeder Übung auf Ihren ganzen Körper, denn die Bewegungsabläufe sind sehr komplex: Sobald ein Muskel bewegt wird, muss mindestens ein anderer mitarbeiten.

2. ZENTRIERUNG Jede Übung soll aus einem stabilen Körperzentrum heraus (dem sogenannten Powerhouse) beginnen. Das stärkt die tief liegende Bauch- und Rückenmuskulatur und stabilisiert die Wirbelsäule. Bei allen Übungen (vor allem beim Ausatmen) den Bauchnabel nach innen ziehen.

3. KONTROLLE Trainieren Sie immer ohne Schwung. Je langsamer und kontrollierter Sie die Übungen machen, desto schneller wächst Ihre Kraft.

4. ATMUNG Durch tiefes, an die Bewegung gekoppeltes Atmen in den seitlichen Brustkorb hinein wird das Blut mit mehr Sauerstoff versorgt. Und die Muskeln können effektiver arbeiten. Durch die Nase ein-, durch den Mund ausatmen.

5. BEWEGUNGSFLUSS Alle Übungen werden fließend ausgeführt. Achten Sie darauf, dass Sie die Bewegungen nie ruckartig, sondern immer harmonisch und »rund« machen.

6. PRÄZISION Jede noch so kleine Bewegung sollte ganz präzise ausgeführt werden. Ziel ist es, dass Sie Ihren Körper als ganz fein abgestimmten Organismus wahrnehmen. Das braucht am Anfang etwas Geduld, aber die Erfolge werden Sie begeistern.

VORÜBUNG

Konzentration

Stellen Sie sich locker hin, Beine hüftbreit auseinander, und machen Sie sich lang: Beim Einatmen die Arme heben, die Schultern bleiben unten. Ausatmen, Arme langsam sinken lassen. **3 Mal**. Dann in die Hocke gehen, Hände auf den Boden stützen und hinsetzen.

1

HALF ROLL DOWN
als Warm-up für die Wirbelsäule

Füße flach aufstellen, Knie fest schließen. Den Oberkörper gerade machen, an den Oberschenkeln festhalten, Ellenbogen anheben. Die Schultern sind tief. Einatmen und mit dem Ausatmen den Bauchnabel einziehen und nach hinten abrollen – nur so weit, dass die Füße noch fest auf der Matte stehen (Half Roll). Tief und gleichmäßig atmen. Beim Einatmen den Nabel eingezogen lassen und seitlich in den Brustkorb atmen. Beim Ausatmen den Nabel noch mehr einziehen. Die Position ein paar Atemzüge lang halten, dann langsam mit dem Ausatmen wieder hochrollen. **5 Mal** wiederholen. Noch mal einatmen, beim Ausatmen Bauch rein, Schultern runter und diesmal ganz auf den Rücken rollen.

2

HUNDRED für den
Bauch und eine gute Atemtechnik

Die Knie zur Brust ziehen und tief in den Bauch hineinatmen. Jetzt Kinn Richtung Brust, Nacken lang machen und den oberen Rücken hochrollen. Die Arme lang in Schulterhöhe halten, Hände ausstrecken. Gleichzeitig die Beine geschlossen im rechten Winkel anheben, die Fersen sind etwas höher als die Knie. In dieser Position auf 4 Zählzeiten durch den Mund (gegen den Lippenwiderstand) ausatmen und ebenfalls 4 Zählzeiten durch die Nase einatmen. Dies ist ein Atemzyklus. Jetzt beim Atmen kleine, aber heftige Pumpbewegungen machen – rhythmisch aus den Schultern heraus. Steigern Sie sich auf bis zu 10 Atemzyklen – jeweils 4 Zeiten aus-, 4 Zeiten einatmen.

34

ROLL-UP für den Bauch und den ganzen Körper

Füße aufstellen, Knie schließen. Beim Einatmen Arme zur Decke strecken, beim Ausatmen Schulterblätter auf die Matte fallen lassen. Die Arme langsam nach hinten bewegen, den Rücken auf der Matte lassen, die Schultern Richtung Taille schieben. Einatmen und mit dem Ausatmen die Arme langsam Richtung Knie führen (Blick zum Bauchnabel) und den Oberkörper Wirbel für Wirbel in den Sitz hochrollen. Falls nötig, dabei an den Oberschenkeln festhalten (Ellenbogen anheben). Einatmen und mit dem Ausatmen (Bauch rein, Schultern runter) Wirbel für Wirbel wieder abrollen. **5 Mal** hoch und ab.

LEG LIFT *mit Circles* für Hüften und den unteren Bauch

Füße hüftbreit aufstellen. Rechtes Bein nach oben strecken, auch den Fuß lang machen. Beim Ausatmen das Bein langsam Richtung Boden senken, mit dem Einatmen wieder heben. Das Becken dabei nicht bewegen und den Bauchnabel einziehen. **10 Mal**. Den rechten Fuß aufstellen. Wechsel auf links. **10 Mal**. Jetzt wieder das rechte Bein gestreckt anheben. Und mit dem Bein 5 Kreise an die Decke »malen« – von außen nach innen, 5 Kreise von innen nach außen. Schön gleichmäßig atmen, ganz ruhig liegen bleiben. Beinwechsel. Zum Schluss beide Beine an die Brust ziehen und in den Sitz hochschaukeln.

ROLLING LIKE A BALL

für Balance und die Körpermitte

Die Knie schulterbreit öffnen, die Kniekehlen umfassen, Ellenbogen anheben und auf dem Po hinter die Sitzknochen rollen. Füße anheben und die Balance halten. Bauchnabel einziehen und den Rücken rund machen, die Schultern sind tief. Beim Einatmen nach hinten über den Rücken rollen – der Kopf berührt den Boden nicht! Mit dem Ausatmen wieder hochrollen. Die Füße berühren den Boden nicht! **10 Mal** hoch und runter rollen, ganz gleichmäßig, ohne Schwung. Der Bauch bleibt fest. Im Sitz kurz balancieren und dann langsam, Wirbel für Wirbel, auf den Rücken rollen, die Beine bleiben angewinkelt. Tief durchatmen.

5

SINGLE LEG STRETCH

für den kompletten Bauch

Hände locker hinter dem Kopf falten, Kinn ranziehen, Kopf heben und den Hals lang machen. Beine anheben, Hüften und Knie bilden einen rechten Winkel. Den unteren Rücken fest an die Matte drücken, er wird vom Bauchnabel wie ein »Druckknopf« befestigt. Einatmen und beim Ausatmen das rechte Bein langsam diagonal ausstrecken. Mit dem Einatmen das Bein wieder beugen (90-Grad-Winkel). Wechsel aufs linke Bein. **5 Mal**. Entspannen und die ganze Übung noch einmal wiederholen. Aber mit doppeltem Tempo. **10 Mal** beugen, strecken – immer rechts,links im Wechsel.

6

DOUBLE LEG STRETCH für den oberen und unten Bauch

Wieder Kinn ran, Kopf und Beine hoch (Hüften und Knie bilden einen 90-Grad-Winkel). Den unteren Rücken fest auf die Matte pressen, dabei Bauch rein. Beim Ausatmen langsam beide Beine diagonal ausstrecken. Beim Einatmen Beine wieder beugen. Bis zu **10 Mal**. Zum Schluss die Beine anziehen und in den Sitz hochrollen.

7

SWAN für Wirbelsäule und Rücken

Hände unter den Schultern aufsetzen, Beine fest schließen, Pomuskeln anspannen und den Bauch einziehen. Beim Einatmen Kopf strecken, Hals lang machen und den Oberkörper ohne Armkraft anheben – so hoch wie schmerzfrei möglich. Den Blick nach vorn richten. Beim Ausatmen mit leichtem Druck der Handflächen etwas höher kommen. Einatmen und mit dem Ausatmen den Oberkörper wieder langsam ablegen. **7 Mal**. Beim 8. Mal oben bleiben. Den Kopf langsam nach rechts drehen, das Kinn Richtung Schulter senken und in einem Halbkreis den Kopf nach links führen. Die Übung **2 Mal** wiederholen. Der Nacken bleibt locker, die Schultern sind tief. Langsam auf den Bauch legen.

8

SINGLE LEG KICKS für Beine und Hüften

Arme parallel aufstützen, die Ellenbogen sind unter den Schultern, die Schultern tief (nicht in den Schultern einsinken!). Jetzt Bauch einziehen, Ellenbogen in die Matte drücken und mit dem linken Unterschenkel (Fuß gestreckt) einen Doppelkick Richtung Po machen. Bein ablegen und die Seite wechseln. **5 Mal**. Danach rumdrehen und hinsetzen.

9

SEAL für Koordination und Körpermitte

Füße aufstellen, Knie schulterbreit öffnen, Fußknöchel von innen umfassen und hinter die Sitzknochen rollen. Füße anheben und Balance halten. Bauchnabel einziehen und den unteren Rücken rund machen, die Schultern sind tief. Beim Ausatmen **3 Mal** die inneren Fußkanten aneinander klopfen – wie ein Seehund. Beim Einatmen langsam nach hinten rollen (nicht den Kopf ablegen), mit dem Ausatmen wieder hochrollen und **3 Mal** klopfen. **10 Mal**. Zum Schluss Knie an die Brust ziehen und mit Schwung in die Hocke kommen. Beine strecken und Wirbel für Wirbel in den Stand hochrollen.

10

KAPITEL

05 Energie für einen fitten Körper

Unsere Muskeln sind echte Feinschmecker und verdienen nur das Beste. Schließlich bewegen sie richtig was und tragen uns durchs Leben. So ernähren Sie sich gesund und das auch noch genussvoll!

STUFE FÜR STUFE RICHTIG GENIESSEN

Gesund und köstlich essen mithilfe der BRIGITTE-Ernährungspyramide. Erfahren Sie, was Ihrem Körper guttut und Ihnen die nötige Energie für einen langen und sportlichen Tag gibt.

FRÜHER ODER SPÄTER KRIEGEN WIR EUCH: KAMPF DEN KLEINEN KALORIENFALLEN

Es sind oft Kleinigkeiten, die uns rund machen, oder unbewusste Gewohnheiten: Tipps und Tricks zum Abnehmen und Schlankbleiben.

EINE GUTE TRAININGSPARTNERIN: DIE BRIGITTE-DIÄT

Fit werden und ein paar Pfunde verlieren. Schnelle und köstliche Rezepte mit wenigen Zutaten plus Snacks für zu Hause und unterwegs mit übersichtlichem Zwei-Wochen-Diätplan.

Stufe für Stufe richtig genießen

Das Beste daran: Alles ist erlaubt! Aber alles in seinen Maßen. Die BRIGITTE-Ernährungspyramide führt Sie gesund und geschmackvoll durch den Lebensmitteldschungel.

DAS WICHTIGSTE IN KÜRZE

- **Fett:** Kam lange viel zu schlecht weg. Dabei ist es täglich erwünscht, und zwar in Form von Pflanzenöl, Nüssen und Diätmargarine. Nur bei Butter und vollfetten Milchprodukten sollte man weiterhin besser sparen.
- **Getreideprodukte:** Helles Brot, Nudeln und polierter Reis sind nicht so wertvoll. Nur Vollkorn darf täglich auf den Tisch.
- **Gemüse und Obst:** Sie sind die absoluten Stars und gehören auf jeden Fall zu jeder Mahlzeit dazu.
- **Fleisch:** Rotes Fleisch ist genauso gesund wie helles, wenn es mager ist. Wurstwaren allerdings enthalten viel ungesundes Fett und sollten seltener auf den Teller.
- **Milchprodukte:** Als Kalziumlieferanten sind sie top, aber fettarm müssen sie sein und möglichst naturbelassen.

SO LESEN SIE DIE PYRAMIDE:

Je weiter unten ein Lebensmittel steht, desto gesünder ist es und desto mehr brauchen Sie davon.

DAS FUNDAMENT

Viel trinken ist Pflicht. Ohne ausreichend Flüssigkeit können Nährstoffe aus der Nahrung nicht in die Zellen transportiert werden. Geeignet sind Wasser, Saftschorlen, ungesüßte Kräuter- und Früchtetees; Kaffee und schwarzer/grüner Tee in Maßen. Auch wunderbar: Molke und Buttermilch als fettarme Kalziumquellen.

DIE 1. STUFE

Diese Lebensmittel sollten Sie auf jeden Fall mehrmals am Tag essen. Gemüse und Obst sind dabei am wichtigsten. Sie schützen uns vor Herz-Kreislauf-Erkrankungen, Krebs, Diabetes und lästigem Übergewicht. Auch auf dieser Stufe Brot & Co., aber möglichst nur in Vollkornqualität! Dann enthalten sie wichtige Ballaststoffe, die Cholesterin senken und Übergewicht vorbeugen. Auch ganz wichtig und noch gar nicht so lange auf dieser Stufe: Pflanzenöl, Nüsse und Diät- oder Reformhaus-Margarine. Sie enthalten viele herzgesunde Fettsäuren, außer-

Gesund und köstlich – die Menge macht's

dem Vitamine und Bioaktivstoffe. Beim Zubereiten von Gemüse und Salat öfter einen »Ölwechsel« machen, denn jede Ölsorte hat ihren eigenen köstlichen Geschmack und jeweils etwas anderes Gesundes zu bieten. Spitzenreiter sind Raps-, Lein- und Walnussöl.

DIE 2. STUFE

Eiweißreiche Lebensmittel wie Milch, Käse und Fleisch sollten wir täglich maßvoll und in fettarmer Form essen. Milchprodukte brauchen wir fürs Kalzium: Das stärkt die Knochen. Fleisch liefert uns Eisen, das für einen guten Sauerstofftransport im Blut sorgt, Zink und Vitamin B_{12}. Fisch versorgt uns mit Jod und lebenswichtigen Omega-3-Fettsäuren, die gut für Herz und Hirn sind.

Eier dürfen sein, enthalten aber einiges an ungesunden gesättigten Fettsäuren – deshalb besser nur im Wechsel mit Fleisch und Fisch essen.

Hülsenfrüchte liefern Eiweiß und herzschützende Pflanzenstoffe. Die Kartoffel bietet keine wertvollen Pflanzenstoffe, ist aber ein prima Sattmacher. Kartoffeln am besten abwechselnd mit Hülsenfrüchten essen. Auch auf dieser Stufe wichtig: Pflanzenöle zum Zubereiten von Fleisch und Fisch.

DIE 3. STUFE

Lebensmittel auf dieser Ebene sollten Sie möglichst jeweils nur etwa einmal in der Woche essen: Helles Brot, geschälter Reis und Nudeln liefern nämlich kaum Nährstoffe, dafür aber einiges an Kalorien.

Fettes Fastfood wie Würstchen, Chips, manche Pizza und Burger enthalten viel ungesundes Fett, das im Übermaß die Arterien verstopft und unserem Herzen ganz schön zu schaffen machen kann. Ähnliches gilt für Wurstwaren, Butter, Sahne und vollfette Milchprodukte.

DIE SPITZE

Kuchen, Süßigkeiten (auch zuckerhaltige Getränke) und Alkohol sind Genussmittel – die gönnen wir uns ab und zu mal, aber eben nicht dauernd.
Für diese restlichen Produkte gilt ganz klar: Selten verzehren! Frittierfett (aus Kokos- oder Palmkernfett) ist wertloses gehärtetes Fett, das, in großer Menge verzehrt, die Arterien verstopfen kann.

SIE SIND VEGETARIERIN?

Dann kommen statt Fleisch und Fisch eben einfach mehr Hülsenfrüchte (Linsen, Erbsen, Bohnen) sowie mehr fettarme Milchprodukte, Nüsse, Eier und Soja-Lebensmittel auf den Teller.

GUT ZU WISSEN

Was hat Bewegung mit der Pyramide zu tun? Sie ist der Boden, auf dem das Bauwerk steht. Taugt der Untergrund nichts (zu wenig Bewegung), »funktioniert« auch die Pyramide nicht mehr: Nur übers Essen allein schaffen Sie es nicht, auf Dauer gesund und fit zu bleiben. Deshalb am besten täglich bewegen. Um Herz und Kreislauf in Schwung zu halten, zählt alles, was Sie leicht in den Tag einbauen können: Treppensteigen, Fußmarsch zur Arbeit, Radfahren, Hausputz, Gartenarbeit. Um das Gewicht zu halten, reicht das aber nicht. Dafür sollten Sie sich 30, besser 45 Minuten täglich bewegen.

Früher oder später kriegen wir euch:

Kampf den kleinen Kalorienfallen

Da helfen manchmal auch die besten Vorsätze nichts: Eine Tüte Chips am Abend oder die unwiderstehlichen Kekse – bewusst oder unbewusst isst man genau das Falsche. Mit diesen Tipps und Tricks sind Sie besser gegen Dickmacher gewappnet.

Den Heißhunger austricksen

Er überfällt uns, wenn wir entspannen oder unter Stress stehen, manchmal auch einfach so aus heiterem Himmel. Und dann quält er uns, der Heißhunger, kreist im Kopf, bis wir genervt nachgeben. »Erst mal zehn Minuten durchhalten – das große Verlangen hört von selbst auf«, sagen Experten. Okay, aber wie kriegt man diese verflixten zehn Minuten rum? Zum Beispiel so:

SPRICH MIT DIR!

Da ist er, der Jieper auf Schokolade. Jetzt heißt es erst mal Tacheles reden mit sich selbst: Brauche ich den Schokoriegel wirklich? Ich bin doch gar nicht hungrig, sondern angespannt und gestresst …

Fragen Sie sich, was Ihnen jetzt guttun würde: Kino? Badewanne? Solche Selbstgespräche aus der kognitiven Verhaltenstherapie sind unaufwendig, aber effektiv, sagten Ernährungspsychologen, vor allem, wenn Sie dem »Gespräch« Taten folgen lassen und sich dann auch wirklich mit einem schönen Film oder einem duftenden Bad belohnen.

SAUERSTOFF TANKEN

Bevor Sie hektisch nach dem nächsten Zucker-Kick suchen, ganz bewusst ein- und ausatmen. Die Yoga-Tiefenatmung Prana schleust besonders viel Sauerstoff in den Körper und beruhigt die Nerven wohltuend. Das bringt jederzeit und überall schnelle Entspannung. Und so geht's: Tief in den Bauch einatmen, bis sich die Bauchdecke hebt, kräftig ausatmen, Pause und wiederholen, bis der Anfall vorüber ist. Zur Vorbeugung: zweimal täglich 15 bis 20 Minuten.

SCHWARZ-WEISS GUCKEN

Haben Sie bei Essfotos in Schwarz-Weiß schon mal Appetit bekommen? Eben nicht. Nur Farbfotos sprechen den Teil im Gehirn an, in dem die Gier entsteht – das ist mittlerweile wissenschaftlich erwiesen. Schwarz-Weiß-Fotos machen keinen Appetit. Legen Sie deshalb eine Schwarz-Weiß-Kopie von Ihrem Lieblingssnack in eine Schublade. Bei Heißhunger Schublade auf und anschauen! Damit tricksen Sie Ihre Lust auf den Snack aus, Ihr Verstand behält die Oberhand.

MALSTIFTE RAUS!

Mit Blau und Grün gegen Süßhunger, das empfehlen Farbpsychologen. Denn hinter dem Appetit auf Süßes stehe ein starker innerer Erregungszustand, und der Blick auf Blau oder Grün beruhigt, wirkt ausgleichend. Blau ist geradezu ideal, weil es kaum blaue Lebensmittel gibt, wir mit dieser Farbe also nichts Leckeres verbinden. Malen Sie Kreise in beiden Farben. Das Malen von Kreisen und anderen runden Formen löst zusätzlich auch noch die Anspannung, die hinter der Fress-Attacke steckt.

ZHONG WAN DRÜCKEN

Fressanfälle beruhen nach fernöstlichem Verständnis auf einer Fehlfunktion des Magens: Er meldet sich dann auch ohne Hunger, möchte eine Belohnung. Bringen Sie ihn wieder ins Lot mit Akupressur.

Dazu setzen Sie sich am besten locker hin. Beugen Sie den Oberkörper leicht nach vorn, atmen Sie aus, und dann drücken Sie den Punkt genau in der Mitte zwischen Brustbein-Ende und Bauchnabel mittelfest, und zwar etwa eine halbe Minute lang.

PLAN B

Hat alles nichts genützt? Dann folgt Plan B: begrenzt nachgeben. Schon ein Glas Light-Cola oder -Limo kann helfen. Es ist schön süß und hat null Kalorien. Oder ein Stückchen Schokolade essen – vor dem nächsten Stück sollten Sie aber drei Minuten warten. Meist braucht man es dann gar nicht mehr, sagen US-Forscher. Manchmal reicht es sogar schon, einfach nur Kaugummi zu kauen und so den Geschmacksknospen eine Freude zu machen.

Tipps zum Schlankwerden und -bleiben:

TIPP 1: ACHTUNG, KOHLENHYDRATE!

Unser Lieblingsfrühstück mit Brot oder Brötchen ist leider eine Fett-weg-Bremse. Untersuchungen an der TU München haben gezeigt: Wer morgens ein Marmeladenbrötchen isst, bei dem wird drei Stunden lang kein Fett abgebaut. Schuld sind die vielen Kohlenhydrate, die der Körper zuerst verbrennt. Doch ganz aufs Brot morgens zu verzichten widerspricht unseren Gewohnheiten. Außerdem sind Vollkornprodukte sehr gesund. Um leichter abzunehmen, am besten im Tagesverlauf Kohlenhydrate reduzieren, zum Beispiel mittags mageres Fleisch, Fisch oder Eier mit viel Gemüse essen und Beilagen wie Reis oder Kartoffeln nur in kleinen Mengen dazu.

TIPP 2: NUR DREIMAL AM TAG ESSEN

Geben Sie Ihrem Körper mal die Chance, in Ruhe ein bis zwei Stunden Fett abzubauen – indem Sie nichts zwischendurch essen. Das gilt aber nur, wenn Sie abnehmen möchten, ohne die Kalorien stark einzuschränken. Zwischenmahlzeiten sind beim Abnehmen sonst nicht tabu. Wer eine BRIGITTE-Diät mit 1200 bis 1400 Kilokalorien macht, darf drei- bis fünfmal am Tag essen, um Heißhunger vorzubeugen. Fett wird trotzdem abgebaut.

TIPP 3: FETT WEG IM SCHLAF

Klingt zu schön, um wahr zu sein – geht aber tatsächlich. Denn während Sie schlafen, bauen Sie Fett ab. Sie profitieren zwei bis drei Stunden länger davon, wenn Sie abends wenig Kohlenhydrate essen, also eine Gemüsesuppe ohne Brot dazu. Oder etwas Fleisch oder Fisch mit Salat. Außerdem sollten Sie nicht zu wenig schlafen: am besten sieben Stunden oder mehr. Wer es nur auf gerade mal fünf Stunden bringt, hat ein um 50 Prozent höheres Risiko für Übergewicht, zeigte eine US-amerikanische Studie der Columbia-Universität.

TIPP 4: KALORIEN NICHT TRINKEN

Aufgepasst: Viele neue Wellnessgetränke enthalten eine ganze Menge Zucker. Das ist uns meist weniger bewusst, als wenn wir zwei Löffel Zucker in unseren Espresso rühren. Doch täglich ein süßes Getränk kann auf Dauer dick machen, zeigte eine US-Langzeitstudie. Das Problem ist, dass der Zucker in diesen Getränken ungebremst ins Blut geht und die Drinks nicht wirklich satt machen. Wer dann immer wieder zum Softdrink greift, hält demnach seinen Insulinspiegel über Stunden sehr hoch – und in dieser Zeit wird kein Fett abgebaut.

GUT ZU WISSEN

Sie wollen beim Sport Fett verbrennen und möglichst auch danach noch? Dann Hände weg von der Apfelschorle oder anderen Saftmixgetränken (außer bei Sport vorm Frühstück). Wieder sind's die Kohlenhydrate (aus den Früchten), die den Fettabbau bremsen. Besser nur Wasser trinken, zum Beispiel mit Fruchtaroma, falls Ihnen Wasser pur zu langweilig wird.

Eine gute Trainingspartnerin: Die BRIGITTE-Diät

Sie ist die ideale Ergänzung zu Ihrem Laufprogramm, wenn Sie ein paar Pfunde loswerden möchten. Schnell zubereitet, ohne viel Einkaufsstress und trotzdem lecker – so passen Training und Abnehmen in einen bewegten Tag.

Köstlich essen und nicht lange in der Küche stehen: schnelle warme Gerichte, sättigende Salate, leckere Drinks. Pro Rezept brauchen Sie höchstens fünf Zutaten einzukaufen, diese Produkte sind in den Rezeptbeschreibungen unterstrichen. Die übrigen Zutaten nehmen Sie aus dem Vorrat. Die Vorratsliste finden Sie auf Seite 107.

Außerdem superbequem: Das Powermüsli zum Frühstück bereiten Sie gleich für 14 Tage vor.

IHR TÄGLICHES MENÜ

Die Rezepte können Sie sich einfach selbst zusammenstellen. Wir empfehlen: möglichst nur drei Mahlzeiten am Tag und dazwischen lieber ein bisschen Pause machen. So unterstützen Sie die Fettverbrennung optimal. Einen Snack kann man dann zum Beispiel auch als Nachtisch mal an ein Hauptgericht anhängen. Aber – mit nur dreimal essen am Tag kommt nicht jede gut klar. Vor allem am Abend überfällt einen oft der Heißhunger. Wenn es Ihnen so geht, dann nutzen Sie ruhig unsere Snacks zwischendurch. Denn natürlich zählt am Ende vor allem die Kalorienbilanz beim Abnehmen, das heißt mehr verbrauchen als essen!

IHR KALORIENPLAN FÜR ZWEI WOCHEN

An diesen Werten können Sie sich orientieren: Wenn Sie intensiv Sport machen, sollten Sie täglich rund 1400 Kilokalorien und 40–45 Gramm Fett einplanen, ohne Sport allerdings nur etwa 1200 Kilokalorien und 35–40 Gramm Fett. Es ist immer wichtig, dazu viel zu trinken.

Oder nutzen Sie einfach unseren Zwei-Wochen-Plan (Basis 1200 Kalorien/ 35–40 Gramm Fett):

Spaghetti mit Kaviar, Rezept S. 101

DER BRIGITTE-DIÄTPLAN FÜR ZWEI WOCHEN

Tag	Mahlzeit	1. Woche	Tag	Mahlzeit	2. Woche
MONTAG	Morgens	Müsli	MONTAG	Morgens	Müsli
	Snack	1 Banane		Snack	Apfel-Oliven-Quark
	Mittags	Pappardelle mit Brokkoli		Mittags	Spinat-Pizza + ¼ l Möhrensaft
	Snack	Schoko-Mango-Joghurt		Snack	Tomaten-Drink
	Abends	Roastbeef-Salat		Abends	Fruchtiger Reissalat
DIENSTAG	Morgens	Müsli	DIENSTAG	Morgens	Frischkäse-Brötchen
	Snack	100 g Mango		Snack	Tomaten-Drink
	Mittags	Joghurt-Gemüsesuppe		Mittags	Zucchini-Couscous
	Snack	Schoko-Mango-Joghurt		Snack	Schoko-Mango-Joghurt
	Abends	Nudel-Oliven-Salat		Abends	Gemüse-Cocktail
MITTWOCH	Morgens	Roastbeef-Knäcke + ¼ l Möhrensaft	MITTWOCH	Morgens	Müsli
	Snack	Zimt-Ananas-Drink		Snack	¼ l Multivitaminsaft
	Mittags	Putenfilet mit Oliven		Mittags	Krabben-Apfel-Suppe
	Snack	Zimt-Ananas-Drink		Snack	Schoko-Mango-Joghurt
	Abends	Spargel mit Minz-Limetten-Joghurt		Abends	Nudel-Oliven-Salat
DONNERSTAG	Morgens	Müsli	DONNERSTAG	Morgens	Müsli
	Snack	¼ l Multivitaminsaft		Snack	Pepper-Nuss-Quark
	Mittags	Wok Spicy Fish		Mittags	Fenchel-Bruschetta + ¼ l Multivitaminsaft
	Snack	Himbeer-Ingwer-Quark		Snack	Pepper-Nuss-Quark
	Abends	Paprikasalat mit Garnelen		Abends	Zucchiniröllchen auf Salat
FREITAG	Morgens	Roastbeef-Knäcke + ¼ l Möhrensaft	FREITAG	Morgens	Roastbeef-Knäcke + 1 Banane
	Snack	Himbeer-Ingwer-Quark		Snack	Möhren-Bananen-Drink
	Mittags	Pute-Yakitori		Mittags	Spaghetti mit Kaviar
	Snack	Möhren-Bananen-Drink		Snack	Erdbeer-Orangen-Joghurt
	Abends	Zucchiniröllchen auf Salat		Abends	Paprikasalat mit Garnelen
SAMSTAG	Morgens	Müsli	SAMSTAG	Morgens	Müsli
	Snack	Möhren-Bananen-Drink		Snack	Möhren-Bananen-Drink
	Mittags	Ananas-Pizza		Mittags	Seelachs mit Orangenporree
	Snack	Himbeer-Ingwer-Quark		Snack	Erdbeer-Orangen-Joghurt
	Abends	Gemüse-Cocktail		Abends	Spargel mit Minz-Limetten-Joghurt
SONNTAG	Morgens	Frischkäse-Brötchen + ¼ l Multivitaminsaft	SONNTAG	Morgens	Frischkäse-Brötchen + ¼ l Multivitaminsaft
	Snack	Apfel-Oliven-Quark		Snack	Möhren-Bananen-Drink
	Mittags	Zuckerschoten-Frittata		Mittags	Paprika-Couscous mit Garnelen
	Snack	Himbeer-Ingwer-Quark		Snack	1 Banane
	Abends	Fruchtiger Reissalat		Abends	Roastbeef-Salat

DIE REZEPTE:

ZUM FRÜHSTÜCK:

jeweils 1 Portion

Powermüsli – eins für alle Tage

Das BRIGITTE-Müsli werden Sie lieben! Es wird für 14 Tage im Voraus zubereitet und hält sich problemlos in einem gut schließenden Gefäß. Probieren Sie es auch mal mit anderem frischen Obst. Für alle, die mehr Abwechslung möchten, gibt's alternativ ein Käsebrötchen oder ein Roastbeef-Knäcke.

AMARANTH-CRANBERRY-MÜSLI

14 Portionen

100 g Amaranth (Inkaweizen; Reformhaus), 2 EL geschroteter Leinsamen, 60 g Sonnenblumenkerne, 250 g Vierkornflocken, 125 g getrocknete Cranberries, 40 g Rohrzucker, 3 EL Orangensaft, 2 EL Honig.

Backofen auf 120 Grad, Umluft 100 Grad, Gas Stufe 1 vorheizen. Alle Zutaten mischen und auf ein mit Backpapier ausgelegtes Backblech geben. Etwa 40–45 Minuten backen.

Pro Portion 2–3 EL (ca. 50 g) Müslimischung mit 3 EL Joghurt (1,5 % Fett) und 60 ml Milch (1,5 % Fett) mischen. 200 g Bio-Erdbeeren und 60 g Bio-Banane in dünnen Scheiben zugeben (pro Portion ca. 320 kcal, 6 g Fett).

FRISCHKÄSE-BRÖTCHEN

1 Mehrkorn- oder Roggen-Toastbrötchen mit 40 g Ziegenfrischkäse (45 % Fett) bestreichen. Auf eine Hälfte 1 EL Orangenmarmelade, auf die andere 1 EL Schnittlauchröllchen oder Kresse geben.
Dazu: 100 g Bio-Erdbeeren (ca. 305 kcal, 9 g Fett).

ROASTBEEF-KNÄCKE 1 Portion

2 Scheiben Knäckebrot mit 1 EL Salatcreme und 1 TL körnigem Senf bestreichen, mit 40 g Roastbeef-Aufschnitt, 1 Tomate und 50 g Salatgurkenscheiben belegen. Leicht salzen und pfeffern (ca. 230 kcal, 7 g Fett).

1

2

3

ZUM MITTAGESSEN:

Jeweils 1 Portion

1 PUTENFILET MIT OLIVEN

40 g Kritharaki-Reisnudeln in Salzwasser kochen. 40 g grüne Oliven hacken, mit etwas abgeriebener Bio-Zitronenschale und 1 EL fein geschnittenem Basilikum vermengen. 150 g Bio-Putenbrustfilet in 2 TL Olivenöl 2–3 Minuten braten. Mit Meersalz und grobem Pfeffer würzen, herausnehmen. 150 g Cocktail-Tomaten in die Pfanne geben und 1–2 Minuten unter Rühren braten. Herausnehmen. Bratensatz mit 2–3 EL Wasser oder Brühe lösen, Oliven unterrühren und über das Steak geben. Mit Reisnudeln und Tomaten anrichten (ca. 450 kcal, 15 g Fett).

2 KRABBEN-APFEL-SUPPE

1 Apfel, 1 Zwiebel und 2 Knoblauchzehen würfeln und mit 1 TL mildem Currypulver in 300 ml Hühnerbrühe etwa 6 Minuten

zugedeckt kochen. 30–40 g Brunnenkresse, 3 EL Kaffeesahne (10 % Fett) und 1 TL Rapsöl zugeben und die Suppe pürieren. Mit Salz, Pfeffer und 1 Prise Zucker abschmecken und mit 75 g Nordsee-Garnelen bestreuen (ca. 300 kcal, 12 g Fett).

3 PAPRIKA-COUSCOUS MIT GARNELEN

1 Päckchen TK-Suppengrün (25 g), ½ TL grob gemörserter Kumin und 150 g in Stücke geschnittene Spitzpaprika in 2 TL Olivenöl andünsten. 125 ml Gemüsebrühe und ½ TL Oregano zugeben und aufkochen. 50 g Instant-Couscous unterrühren, zugedeckt 3 Minuten bei kleiner Hitze garen. 1 halbierte Fleischtomate zugeben, weitere 2 Minuten garen. Couscous mit Salz und Pfeffer abschmecken und mit 3 gekochten Tiefsee-Garnelen ohne Schale (60 g) anrichten (ca. 390 kcal, 14 g Fett).

4 ZUCKERSCHOTEN-FRITTATA

100 g Zuckerschoten in Stücke schneiden. Mit 1 fein gehackten Zwiebel in einer kleinen beschichteten Pfanne in 2 EL Hühnerbrühe 3–5 Minuten zugedeckt dünsten. Deckel abnehmen. 2 Eier (Größe M), 2 EL Milch (1,5 % Fett) und 2 EL Kresseblättchen verquirlen und in die Pfanne gießen. Umrühren und etwa 5–7 Minuten bei kleiner Hitze garen. Abdecken und weitere 2–3 Minuten garen. 100 g reife Tomaten hacken, mit 1 TL Tomatenketchup verrühren und mit 50 g hauchdünnem Schinken (2 % Fett) anrichten (ca. 355 kcal, 14 g Fett).

5 SPAGHETTI MIT KAVIAR

90 g Vollkorn-Spaghetti nach Packungsanweisung in Salzwasser kochen. 100 g grünen Spargel in 2–3 cm lange Stücke schneiden und die letzten 3 Minuten mitgaren. 1 zerdrückte Knoblauchzehe, 2 dünne Zitronenscheiben und 150 ml Hühnerbouillon etwa 2–3 Minuten bei starker Hitze auf die Hälfte einkochen. 2 EL »Cremefine zum Kochen«, 1–2 EL fein geschnittene Dillspitzen, abgetropfte Nudeln und Spargel zugeben. Mit Salz und Pfeffer gut abschmecken und mit 50 g Forellen-Kaviar anrichten (ca. 445 kcal, 7 g Fett).

6 PUTEN-YAKITORI

100 g Gurkenscheiben etwas salzen. 100 g dünne Ananasscheiben in 1 TL Rapsöl von beiden Seiten anbraten. Herausnehmen. 2 TL Öl in die Pfanne geben und 150 g Bio-Putenbrustfilet pro Seite 2–3 Minuten braten. Herausnehmen, mit grobem Pfeffer würzen. Bratensatz mit 2–3 EL Wasser oder Brühe, 1 TL Honig, 1 EL trockenem Sherry oder Limettensaft und 1 EL Sojasoße kurz loskochen. 65 g vorgegarten Naturreis nach Packungsanweisung erhitzen, mit den übrigen Zutaten anrichten und mit Kresse bestreuen (ca. 460 kcal, 15 g Fett).

7 SEELACHS MIT ORANGENPORREE

150 g Seelachsfilet mit Zitronensaft beträufeln, salzen. 1 Porreestange (200 g) in 2 cm dicke Ringe schneiden. Fisch trocken tupfen. Eine heiße Pfanne mit ½ EL Rapsöl bestreichen. Fisch und Porree etwa 4–5 Minuten bei mittlerer Hitze braten. Fisch herausnehmen, warm stellen. 100 ml Orangensaft und 2–3 EL »Cremefine zum Kochen« zugeben und aufkochen. 2 TL körnigen Senf unterrühren. Mit Salz, 1 Prise Zucker und Cayennepfeffer abschmecken und mit Dill bestreuen (ca. 365 kcal, 15 g Fett).

8 ZUCCHINI-COUSCOUS

50 g Schafkäse (9,5 % Fett) würfeln und mit etwas gehackter Zitronenschale, 1 TL Oregano und 1 TL Olivenöl marinieren. 250 ml Gemüsebrühe aufkochen. 50 g Instant-Couscous zugeben und bei kleiner Hitze 5 Minuten ausquellen lassen. Mit 60 g Papayastücken, 120 g geraspelten Zucchini und dem Käse vermischen, mit Salz, Pfeffer und Zitronensaft abschmecken. Couscous anrichten und mit 1 TL gerösteter Sesamsaat bestreuen (ca. 350 kcal, 12 g Fett).

9 JOGHURT-GEMÜSESUPPE

200 g Möhren und 150 g grünen Spargel in Stücke schneiden. Gemüse und 1 zerdrückte Knoblauchzehe in 1 TL Olivenöl andünsten. 200 ml Gemüsebrühe zugeben und 5 Minuten zugedeckt garen. 100 g Joghurt (1,5 % Fett), 1–2 TL grünes Pesto, ½ TL Speisestärke und etwas Suppe verrühren. In den Topf zurückgeben, mit Salz und Pfeffer abschmecken. Mit Basilikumstreifen bestreuen und mit 1 Scheibe Bauernbrot (60 g) anrichten (ca. 365 kcal,12 g Fett).

10 WOK SPICY FISH

150 g Seelachsfilet in Stücke schneiden, salzen und in 2 TL heißem Rapsöl 2 Minuten braten. Herausnehmen, warm stellen. In der Pfanne 150 g küchenfertiges Wok-Gemüse (Kühlregal) 3–5 Minuten unter Rühren braten. 65 g vorgegarten Naturreis zugeben und weitere 2 Minuten braten. 1 EL Tomatenketchup, 2 EL Orangensaft, 1 EL süße Sojasoße, ½ TL Garam Masala verrühren. Fisch und Soße mit Gemüse und 100 g frischer Ananas vermengen. Mit Tabasco pikant abschmecken (ca. 475 kcal, 13 g Fett).

11 ANANAS-PIZZA

Backofen auf 220 Grad, Umluft 200 Grad, Gas Stufe 4 vorheizen. 1 runden Vollkorn-Pizzaboden (150 g) mit 2–3 EL Tomatenstücken (frisch oder Tetrapack) bestreichen und mit 60 g dünnen Ananasscheiben, 40 g Ziegenfrischkäse (45% Fett) und 5–6 Cocktailtomaten belegen. Mit Oregano bestreuen und etwa 10 Minuten backen. Mit buntem Pfeffer würzen und mit 1 TL Honig beträufeln (ca. 475 kcal, 9 g Fett).

Tipp: *Vollkorn-Pizzaböden zum Selbstbelegen gibt es im Zweierpack im Naturkostladen.*

12 SPINAT-PIZZA

Backofen auf 220 Grad, Umluft 200 Grad, Gas Stufe 4 vorheizen. 1 runden Vollkorn-Pizzaboden (150 g; Naturkostladen) mit 3–4 EL Tomatenstücke (frisch oder Tetrapack) belegen. Salzen, pfeffern und mit ½ TL Oregano bestreuen. Etwa 8–10 Minuten im vorgeheizten Backofen backen. 100 g jungen Spinat putzen. 1 EL Orangensaft, 2 TL Zitronensaft, 1 EL Naturjoghurt (1,5% Fett), 1–2 Prisen Zucker, 1 TL Olivenöl, Salz und Pfeffer verrühren und mit dem Spinat vermengen. Spinat auf die heiße Pizza geben und mit 2 EL gehobeltem Parmesankäse bestreuen (ca. 495 kcal, 12 g Fett).

13 PAPPARDELLE MIT BROKKOLI

60 g Pappardelle aus Hartweizen nach Packungsanweisung in Salzwasser garen. 3 EL Lauchzwiebelringe, 1 zerdrückte Knoblauchzehe und 100 g TK-Brokkoli die letzten 3–4 Minuten mitgaren. 3–4 EL Nudelkochwasser und 1 EL grünes Pesto verrühren und mit abgetropften Pappardelle und dem Gemüse vermischen. Mit

12

13

14

den Basilikumstreifen und 2 EL geriebenem Parmesankäse vermischen (ca. 415 g kcal, 15 g Fett).

14 FENCHEL-BRUSCHETTA

200 g Fenchelknolle putzen, in Stücke schneiden und mit 1 Prise Thymian in 50 ml Gemüsebrühe abgedeckt etwa 3 Minuten garen. 50 g Schafkäse (9,5% Fett) und 2–3 getrocknete Tomaten hacken, mit 1 TL Olivenöl und 75 g Magerquark verrühren und mit Salz und Pfeffer abschmecken. Eine Scheibe Bauernbrot (etwa 75 g) knusprig toasten, Tomatenquark und Fenchelstücke daraufgeben und mit grobem Pfeffer bestreuen (ca. 370 kcal, 11 g Fett).

Tipp: *Am besten schmecken getrocknete Tomaten, die weich und richtig schön fleischig sind.*

1

3

2

ZUM ABENDESSEN:

Jeweils 1 Portion

1 SPARGEL MIT MINZ-LIMETTEN-JOGHURT

100 g Naturjoghurt (1,5 % Fett) und 3–4 fein gehackte Minzestängel verrühren. Mit Salz, abgeriebener Limettenschale und -saft abschmecken. 400 g Spargel schälen, in mundgerechte Stücke schneiden, in 2 TL Olivenöl ca. 4–7 Minuten unter Rühren braten. Salzen und pfeffern. 2 TL Limettensaft, 1 EL Orangenmarmelade zugeben und den Spargel darin schwenken. Mit Joghurt, Minzeblättchen und 2 Scheiben Vollkorn-Baguette (25 g) anrichten (ca. 310 kcal, 11 g Fett).

2 PAPRIKASALAT MIT GARNELEN

1 gelbe Paprikaschote in mittelfeine Stücke schneiden und in 1 TL Olivenöl unter Rühren 4–5 Minuten braten. Mit etwas Paprikapulver bestreuen. 50 g Rauke gut putzen. 1 EL grünes Pesto und 1 EL Sherry-Essig oder Weißwein-Essig verrühren. Paprika und 75 g Cocktail-Garnelen auf der Rauke anrichten und mit dem Pesto beträufeln. Mit 2 Scheiben getoastetem Vollkorn-Baguette anrichten (ca. 300 kcal, 15 g Fett).

3 NUDEL-OLIVEN-SALAT

40 g Penne-Nudeln nach Packungsanweisung in Salzwasser kochen. 40 g Brunnenkresse oder Rauke gut putzen. Die Hälfte der Brunnenkresse und 40 g grüne Oliven fein hacken. Mit 80 ml Tomatensaft, 1–2 TL Balsamessig und 2 TL Olivenöl verrühren und mit Cayennepfeffer, Salz, 1 Prise Zucker und grob gemörsertem Kumin pikant abschmecken. Dann die abgetropften Nudeln unterrühren. Den Nudelsalat mit der restlichen Brunnenkresse und den 100 g kernlosen Weintrauben auf einem Teller anrichten (ca. 360 kcal, 14 g Fett).

4 GEMÜSE-COCKTAIL

225 g gemischtes TK-Gemüse nach Packungsanweisung in Salzwasser garen. Abgießen und abkühlen lassen. ½ Dose Thunfisch ohne Öl (ca. 65 g), 1 TL Olivenöl, 2 EL Salatcreme (16% Fett), 2 EL Kapern, 2–3 EL Gemüsekochwasser und den Saft ½ Zitrone pürieren, mit Salz und Pfeffer pikant abschmecken und mit dem Gemüse mischen. Dazu 120 g Chicoréeblätter und 2 Scheiben Vollkorn-Baguette (25 g) anrichten (ca. 350 kcal, 11 g Fett).

5 ZUCCHINIRÖLLCHEN AUF SALAT

1 Zucchini (200 g) längs in Streifen schneiden und in 2 TL Olivenöl unter Rühren 3–4 Minuten braten. Salzen, pfeffern und mit 1 EL Orangensaft beträufeln. Zucchinistreifen in 50 g hauchdünne Scheiben Parmaschinken einwickeln. 50 g getrocknete Aprikosenstreifen kurz in der Pfanne schwenken. 2 EL Naturjoghurt (0,1% Fett), 1–2 TL Weißwein-Essig, Salz, Pfeffer und 1 Prise Zucker verrühren. Schinkenröllchen und Aprikosen auf einigen Blättern Batavia- oder Kopfsalat anrichten, mit der Joghurtsoße beträufeln (ca. 290 kcal, 11 g Fett).

6 ROASTBEEF-SALAT

100 g Roastbeef-Aufschnitt in feine Streifen schneiden. 100 g Mini-Salatgurke und 3–4 Radieschen in dünne Scheiben schneiden. 1 EL grob gehackte Kürbiskerne, 1 EL Weißwein-Essig, 1 EL Wasser, 1 TL Sonnenblumenöl, 3 TL süße Chilisoße, Salz und Pfeffer verrühren und mit den restlichen Zutaten mischen. Mit 2 Scheiben getoastetem Vollkorn-Baguette anrichten (ca. 305 kcal, 13 g Fett).

7 FRUCHTIGER REISSALAT

60 ml Orangensaft, 1 TL Honig, 1–2 TL Apfelessig, Salz und Tabasco verrühren. 1 EL Sesamöl unterrühren. ½ Papaya würfeln. 1–2 Lauchzwiebeln fein hacken. 100 g Bio-Erdbeeren halbieren. Vorbereitete Zutaten, 65 g vorgegarten Naturreis, 1 Handvoll Batavia-Salat-Streifen mit der Soße mischen, mit Korianderblättchen bestreuen (ca. 280 kcal, 13 g Fett).

Tipp: *Bio-Erdbeeren sind kaum mit Pestiziden belastet. Konventionelle Erdbeeren am besten kurz erst heiß und danach etwas länger kalt abspülen.*

SNACKS:

1 JOGHURT jeweils 1 Portion

Mokka-Minze-Joghurt

150 g Naturjoghurt (1,5 % Fett), 1–2 TL Instant-Espressopulver und 1 TL Ahornsirup (oder Honig) verrühren. 4–5 Minzestängel fein hacken und unterrühren (ca. 115 kcal, 2 g Fett).

Erdbeer-Orangen-Joghurt

150 g Naturjoghurt (1,5 % Fett), 1 EL Orangenmarmelade und 1 TL geschroteten Leinsamen verrühren und mit 100 g Bio-Erdbeeren in Scheiben anrichten (ca. 180 kcal, 3 g Fett).

Schoko-Mango-Joghurt

150 g Naturjoghurt (1,5 % Fett) und 100 g fein geschnittene Mangowürfel locker verrühren und einfach nur mit 15 g Zartbitter-Schokoladenraspeln und gut zerstoßenen rosa Pfefferbeeren bestreuen (ca. 225 kcal, 7 g Fett).

2 QUARK jeweils 2 Portionen

Apfel-Oliven-Quark

1 Apfel (150 g) raspeln, mit 1 EL Zitronensaft vermengen. 150 g Magerquark, 1 TL Olivenöl und 30 g gehackte Oliven verrühren. 2 EL Schnittlauchröllchen, Apfel und Saft unterrühren, mit Salz und Pfeffer würzen (pro Portion ca. 135 kcal, 4 g Fett).

Himbeer-Ingwer-Quark

150 g angetaute TK-Himbeeren und 150 g Magerquark verrühren. 3 Ingwerwürfel in Edel-Zartbitter-Schokolade (24 g; Reformhaus) grob hacken und unter den Quark ziehen (pro Portion ca. 130 kcal, 2 g Fett).

Pepper-Nuss-Quark

2–3 eingelegte Mini-Paprika (Peppadews) in feine Streifen schneiden. 150 g Magerquark und 1–2 EL Milch (1,5 % Fett) verrühren. Paprika, 3 gehackte Walnusskerne und 2 EL Schnittlauchröllchen unterrühren und mit Kräutersalz und Pfeffer abschmecken (pro Portion ca. 115 kcal, 4 g Fett).

3 DRINKS jeweils 1 Portion

Zimt-Ananas-Drink

1 Limette auspressen und mit 100 g Ananasstücken, ½ TL gemahlenem Zimt und 150 ml Sojadrink oder Kefir (1,5 % Fett) pürieren. Auf Eis servieren (ca. 160 kcal, 4 g Fett).

Möhren-Bananen-Drink

100 ml Möhrensaft, 60 g Banane in Scheiben und 100 ml Sojadrink oder Kefir (1,5 % Fett) pürieren und mit 1 Physalis anrichten (ca. 165 kcal, 3 g Fett).

Tomaten-Drink

100 ml Sojadrink oder Kefir (1,5 % Fett), 75 ml Orangensaft, 75 ml Tomatensaft und 3–4 Basilikumstängel pürieren und mit Tabasco pikant abschmecken (ca. 90 kcal, 2 g Fett).

Sie möchten Ihre Diät noch verlängern? Noch viel mehr Rezepte gibt's unter www.brigitte.de/diaet

VORRATSLISTE

Das sollten Sie für Frühstück, Snacks, Mittag- und Abendessen im Haus haben:

Ahornsirup/Honig • Rohrzucker/Zucker • Salz/Kräutersalz • Meersalz Cayennepfeffer • Currypulver (mild) • Garam Masala • Edelsüß-Paprika Koriandersaat • Kumin (ganz) • Oregano (gefriergetrocknet) • Pfeffer (schwarz, bunt, grob) • rosa Pfefferbeeren • Thymian (gefriergetrocknet) Zimt (gemahlen) • Sojasoße (süß, salzig) • Chilisoße (süß) • Tabasco Senf (körnig) • Apfelessig • Balsamessig • Weißwein-Essig/Sherry-Essig Olivenöl/Rapsöl • Sesamöl/Sonnenblumenöl • Gemüsebrühe (Instant) Hühnerbouillon (Instant) • Speisestärke • grünes Pesto • Salatcreme (15 % Fett) • Tomatenketchup • Orangenmarmelade • Orangensaft Naturreis (vorgegart) • Instant-Espressopulver • Milch (1,5 % Fett) Bio-Zitronen/Limetten • Knoblauch/Zwiebeln

KAPITEL

06 Motivation: So halten Sie durch

Schon wieder fünf Kilometer gelaufen. Diese Woche ein Extra-Workout eingelegt. Schnell noch ein bisschen stretchen. Fühlt sich gut an, diese Sätze zu lesen? Und noch viel besser, es zu tun. Sich zu motivieren ist nicht leicht, aber durchhalten ist möglich – und macht riesigen Spaß. Lernen Sie, wie's geht.

ENDLICH AM ZIEL!
Dafür brauchen Sie die richtige Strategie. Und zwei kluge Verbündete: Ihren Kopf und Ihren Bauch.

ACHT TIPPS GEGEN TRAININGS-DURCHHÄNGER
So holen Sie sich selbst aus dem Motivationstief.

IHR LAUFTAGEBUCH
Kopieren, notieren und Woche für Woche Erfolge sehen.

Endlich am Ziel!

Damit Sie das auch bald sagen können, brauchen Sie die richtige Strategie. Und zwei kluge Verbündete: Ihren Kopf und Ihren Bauch.

Eigentlich ist es ja bestechend simpel: Wir wollen laufend fit werden. Und eigentlich spricht ja auch nichts dagegen. Oder gibt es ein gutes Argument dafür, auf dem Sofa zu lümmeln, Chips zu knabbern, statt noch eine Runde um den Block zu joggen und frische Luft zu schnappen? Nicht wirklich.

Am Ende des Abends ist einem übel, und man ärgert sich über die eigene Schwäche. Kennt man. Aber eben auch die Gegenbeispiele: die Freundin, die fünf Kilo abgenommen hat, die Kollegin, die seit Monaten Italienisch lernt, die Nachbarin, die jeden Morgen joggt. Was machen diese Menschen anders? Forschungen lassen vermuten: Durchhalten fällt gar nicht so schwer – es kommt nur auf die richtige Strategie an.

SIEGEN KANN MAN TRAINIEREN

Fakt ist: Gewinnen beginnt im Kopf. Genauer im Frontalhirn. Das ist der Bereich, in dem wir Pläne und Ziele formulieren. Dieser Teil unseres Gehirns ist erst weit nach der Pubertät richtig ausgereift. Bis zu diesem Zeitpunkt werden dort die Verhaltensweisen verfestigt, die uns ein Leben lang begleiten. Das bedeutet: Wer als Kind gelernt hat, Pläne zu schmieden, zu strukturieren und durchzusetzen, hat es später sehr viel leichter, zum Beispiel ein Sportprogramm durchzuziehen. Umgekehrt gilt das aber leider auch. Wer es nicht bzw. weniger gut gelernt hat, Vorhaben zu strukturieren und zielorientiert umzusetzen, dem fällt es etwas schwerer, sich zu motivieren.

Aber: Glücklicherweise können wir unser Frontalhirn jederzeit noch auf Erfolg trimmen. Denn es ist enorm lern- und umlernfähig – auch in höherem Alter. Entscheidend ist, dass wir unser Verhalten zielstrebig in eine bestimmte Richtung ändern, dann zieht auch unser Frontalhirn mit. Wer sich also zum Beispiel vornimmt zu laufen, bekommt fürs anstrengende Training vom Körper eine Belohnung: Er schüttet unter anderem den Glücksstoff Dopamin aus. Wiederholt man das Ganze oft genug, merkt sich das Hirn die angenehmen Gefühle, die das Dopamin hervorruft. Das Training samt Belohnung wird im Gedächtnis als bleibende Motivationsspritze verankert. Und wenn alles gut läuft, überschreibt dann das Gehirn nach einer gewissen Zeit die alte »Couch-Potato«-Gewohnheit mit dieser neuen »Training tut gut«-Information.

KOPF UND BAUCH SIND EIN TEAM

Siegen beginnt also im Kopf, aber Durchhalten im Bauch: Bevor unser inneres Belohnungssystem einsetzt, müssen gute Vorsätze Realität werden. Dafür müssen Kopf und Bauch zusammenspielen. Unser Verstand ist fürs Planen, für Plus-minus-Listen Argumente zuständig, kalt, logisch, unbestechlich. Der Verstand ist derjenige, der uns vorrechnet, dass eine Tafel Schokolade 600 Kilokalorien hat und uns gar nicht guttut. Nur, solange es der Bauch nicht begreift, hat unser innerer Logiker keine Chance. Schokolade aus Vernunftgründen weglassen, wo jeder weiß, wie gut sie schmeckt? Da schaltet unser unbewusstes Erfahrungsgedächtnis auf stur. Das funktioniert nach einem einfachen System: Jeden Impuls, der auf uns trifft, beurteilt das Erfahrungsgedächtnis nach einem systematischen Muster. War der Impuls gut – wieder machen. Wenn er schlecht war – die Finger davon lassen. Egal ob es um die Ernährungsumstellung oder um Sport geht: Nur wenn unser Unbewusstes den Go-Befehl erteilt, kommt eine nachhaltige Motivation zustande. Wenn nicht, bleiben alle guten Vorsätze auf der Strecke.

Wie aber machen sich diese unbewussten Vorgänge für uns bemerkbar? Dafür gibt es sogenannte somatische Marker, das heißt, der Körper reagiert auf alle Reize mit körperlichen Signalen – viele empfinden etwas, was wir Bauchgefühl nennen. Die Leibesmitte wird bei Wohlbefinden warm oder zieht sich bei negativen Impulsen krampfartig oder leicht zusammen. Achten Sie einmal darauf. Üben können Sie das mit einer Speisekarte – da signalisieren die somatischen Marker sehr schnell »lecker« und »igitt«.

SO NUTZEN SIE IHR BAUCHGEFÜHL

Wie verändert man nun sein Verhalten, wenn die somatischen Marker aufjaulen? Mit diesen einfachen Tricks können Sie sie überlisten:

Die Werte tauschen: Sie wollen nach einem langen Arbeitstag laufen, Ihr somatischer Marker funkt: »Zu anstrengend heute.« Werfen Sie ihm einen mentalen Leckerbissen hin, mit dem Sie sich selber belohnen: »Ich laufe nur ganz locker und spüre dabei, wie der Stress von mir abfällt und ich ganz leicht werde.« Dahinter steckt eine Erlaubnis, die ein gutes Gefühl vermittelt. Schon sind Bauch und Kopf in ihren Wünschen synchron.

Motivationsbremsen finden: Leider lauern überall Fallstricke, die Ihre Lauflust zum Stolpern bringen. Dann gilt es herauszufinden, in welchen Situationen Sie das Anti-Jogging-Gefühl befällt. Führen Sie vier Wochen lang eine Art Logbuch (z.B. in unserem Lauftagebuch, siehe rechte Seite), in das Sie eintragen, in welchen Situationen Sie schwach werden – z. B. die chronische Faulheit am Sonntagmorgen oder die Laufunlust, wenn's draußen nieselt und drinnen der Fernseher schon läuft.

Innere Stärke entwickeln: Für jede typische »Gefahrensituation« überlegen Sie sich jetzt mindestens drei Strategien, bei denen Ihr somatischer Marker jubelt. Für den Sonntagmorgen könnten das sein: 1. Als Belohnung gibt's ein ausgiebiges Frühstück nach dem Training. 2. Ich schlafe erst einmal aus und laufe heute Nachmittag. 3. Ich nehme einen Knopf meines Lieblingskleides mit, in das ich, dank Sport, bald wieder passen werde. Völlig egal, wie durchgedreht Ihre Strategien sind – Hauptsache, Ihr somatischer Marker mag sie. Dass Sie drei Alternativen brauchen, hat einen Sinn: Sie haben das gute Gefühl, wählen zu können.

Motivationskiller knacken: Mal sind es die feiernden WG-Mitbewohner, mal ist es der faulenzende Partner, mal der spannende Film im Fernsehen – dauernd kommen uns typische Ablenker in die Quere, die uns vom Laufen abhalten. Fast unmöglich, die abzuschalten. In solchen Fällen hilft eine Ideenspende: Fragen Sie andere Menschen, wie sie sich in diesen Situationen motivieren würden. Suchen Sie sich mindestens die fünf besten Strategien aus, die Ihr somatischer Marker am meisten mag – sie funktionieren in den häufigsten Fällen.

ACHT TIPPS GEGEN DURCHHÄNGER

1 Klären Sie für sich, warum Sie überhaupt joggen möchten. Ganz schnell zur Traumfigur? Damit haben Sie vermutlich keinen dauerhaften Erfolg. Aber: langfristig in Form sein, Spaß an der Natur haben, entspannen – das sind Ziele, die auf Dauer helfen.

2 Fit werden Sie nicht nur durchs Laufen, sondern vor allem durch Ihren Lieblingssport. Wenn's das Joggen ist – herzlichen Glückwunsch! Wenn nicht, bringt es nichts, krampfhaft weiterzulaufen. Vielleicht treiben Sie Sport lieber in der Gruppe? Dann könnte schon ein Lauftreff helfen. Oder versuchen Sie eine Mannschaftssportart.

3 Trainingserfolge registrieren: Anfangs keuchend eine Minute laufen, eine Minute walken – nach zwei Wochen sieht das schon ganz anders aus: 15 Minuten am Stück. Das sollten Sie stolz im Lauftagebuch festhalten.

4 Es hat keinen Sinn, auf einen Marathon zu trainieren, wenn man nie zuvor gelaufen ist. Lieber diese Woche zweimal zehn Minuten durchjoggen, nächste Woche eine Viertelstunde. Das ist realistisch – und spornt zu weiteren persönlichen Höchstleistungen an.

5 Noch einfacher erscheint Ihr Ziel, wenn Sie sich kleine Zwischenetappen vornehmen. Sie möchten fünf Kilo abnehmen? Das hört sich nach wenig Spaß an. Besser: Pro Monat laufe ich mir ein Kilo von den Rippen – klingt doch schon viel leichter, oder?

6 Hecheln Sie bloß nicht permanent Ihren eigenen Bestzeiten hinterher und spulen Sie nicht stressige Pflichtprogramme ab. Am allerwenigsten darf das Training in Quälerei ausarten. Das Laufen sollte Ihnen vor allem eines bereiten: Spaß. Dann bleiben Sie ohne weitere Argumente dabei.

7 Reservieren Sie in Ihrem Terminkalender feste Trainingszeiten. So kommen Sie nicht in Versuchung, die Zeitmangel-Ausrede zu bemühen. Und wenn Sie doch mal Überstunden machen müssen oder Stress haben, können Sie das Training beruhigt ausfallen lassen – der nächste Termin ist ja eingeplant.

8 Bei anhaltender Unlust kann Trainingsmonotonie schuld sein. Für den nötigen Kick sorgt dann Abwechslung: die Waldrunde mal andersherum laufen, den Ehrgeiz mit Intervalltraining wecken, unbekannte Strecken ausprobieren, mit Freunden laufen etc.

Motivation in Zahlen und Daten

Einfach groß kopieren, Trainingseinheiten notieren und Woche für Woche die Fortschritte sehen – eine tolle Motivation!

MEIN LAUFTAGEBUCH

	Trainingstage	1. Training	2. Training	3. Training	4. Training
BASIS	Datum				
	Gewicht				
	Menstruation (j/n)				
TRAINING	Laufstrecke				
	Kilometer				
	Dauer				
	Ruhepuls				
	durchschnittlicher Trainingspuls				
	Zusatztraining (z.B. Stretching, Kraft etc.)				
BEFINDEN	Gefühlte Fitness*				
	Laune				
	Kommentar				

* Nach Schulnoten 1 = super, 2 = gut, 3 = okay, 4 = ging so, 5 = nicht gut 6 = miserabel

KAPITEL

07 Schmerzfrei laufen

Nur ein kleiner Fehltritt – und schon ist's passiert: Der Muskel zieht, das Knie schmerzt, der Knöchel sticht. Leichte Blessuren, aber auch stärkere Schmerzen bringen uns schnell aus dem Tritt. So vermeiden Sie Schlimmeres und werden typische Läuferleiden schnell wieder los.

AUTSCH!
ERSTE HILFE FÜR LÄUFERINNEN
Was Sie wissen müssen, wenn's doch mal wehtut.

WAS LÄUFT HIER DENN FALSCH?
Krämpfe, Ziehen und leichte Schmerzen – erste Anzeichen, dass es dem Körper nicht gutgeht. Lernen Sie, die Signale zu deuten und richtig zu reagieren.

ERNSTHAFTE BESCHWERDEN UND
WIE SIE VORBEUGEN
Es ist schnell passiert: Überbelastung oder eine falsche Bewegung. Was Sie tun können, wenn Sie Schmerzen haben, und wie Sie chronische Probleme vermeiden. **Plus:** PECH – so funktioniert die Erste-Hilfe-Regel für Sportlerinnen.

Autsch – Erste Hilfe

Es zieht und zwickt – manchmal ist es einfach nur eine Kleinigkeit. Manchmal aber auch das Vorzeichen ernsthafter Überlastung. So erkennen Sie die Unterschiede und beugen Schlimmerem vor.

Was läuft hier denn falsch?

WENN ES IN DER SEITE STICHT

Seitenstechen ist völlig harmlos, aber ein prima Warnsignal: Wir bekommen es, wenn wir zu schnell rennen, falsch atmen oder mit zu vollem Magen trainieren.

Das hilft: Erst mal Tempo reduzieren, tief und regelmäßig durchatmen. Bringt das nichts, am besten eine Gehpause einlegen, Hände hinter dem Kopf falten, Ellenbogen nach hinten drücken und tief in den Bauch atmen. Oder drücken Sie alternativ mit der Hand kräftig auf die schmerzende Stelle, dazu eventuell den Oberkörper vorbeugen.

WENN DIE WADEN VERKRAMPFEN

Muskelkrämpfe – nicht nur in der Wade – entstehen in erster Linie, wenn Elektrolyte, Flüssigkeit oder Sauerstoff fehlen. Wir laufen zu schnell, schwitzen zu viel, verlieren so Mineralstoffe oder haben generell einen Magnesiummangel. Dann machen unsere Muskeln schnell »dicht« und verkrampfen schmerzhaft.

Das hilft: Anhalten und die Muskulatur dehnen, dazu möglichst etwas trinken. Generell: Essen Sie mehr magnesiumhaltige Nahrungsmittel (z.B. grünes Gemüse, Vollkornprodukte, Nüsse). Kurzfristig hilft es auch mal, zwei Wochen Magnesium als Nahrungsergänzung zu nehmen.

WENN DER MUSKELKATER SCHMERZT

Jede Bewegung tut weh, irgendwie ist man schlapp und steif, Druck auf den Muskel schmerzt. Leider zeigt uns unsere Muskulatur erst ein bis zwei Tage nach der Überanstrengung die Rote Karte. Die Schmerzen werden durch sogenannte Mikrotraumata hervorgerufen, winzige Muskelverletzungen, die zu entzündlichen und eben auch schmerzhaften Reaktionen führen. Schuld ist meist ein zu intensives Workout.

Das hilft: Erlaubt ist dann nur noch langsames Joggen, damit die Verletzungen ausheilen können. Hilfreich sind durchblutungsfördernde warme Bäder, Sauna oder leichtes Dehnen. Finger weg von Massagen – die malträtieren die verletzten Strukturen nur noch mehr. Generell gilt: Nach starkem Muskelkater die Trainingsdosis runterschrauben und nur nach und nach wieder steigern. Neue Übungen immer langsam und mit korrekter Technik einführen. Insbesondere Sport-Anfängerinnen oder Wiedereinsteigerinnen sollten vorsichtig beginnen.

WENN BLASEN AM FUSS DRÜCKEN

Ein neuer Schuh, eine Falte in der Socke, nasse Füße oder eine lange Laufeinheit, und schon ist's passiert – durch Reibung oder Druck hat sich eine Blase gebildet.

Das hilft: Die Blase mit einer sterilen Nadel anpiksen, Flüssigkeit auslaufen lassen, desinfizieren und steril abdecken. Die Haut nicht entfernen – sie schützt die darunterliegenden Schichten.

Tipp: *Probieren Sie mal Laufsocken ohne Nähte oder Feinstrümpfe unter den Socken. Kehren die Blasen an denselben Stellen immer wieder, bekleben Sie sie vorbeugend mit Leukotape.*

WENN DIE ZEHEN BLUTEN

Das »Aschenputtel-Syndrom« ist kein Märchen – wenn das Schuhwerk nicht optimal passt, gibt's oft blutige Stellen. Im Extremfall können Zehennägel dann sogar blau werden und sich ablösen.

Denn sind die Schuhe zu eng oder zu klein, stoßen die Fußnägel bei jedem Schritt an die Schuhspitze und die Zehen reiben aneinander. Vor allem bei längeren Läufen, wenn die Fußmuskulatur ermüdet und der Fuß dadurch ein wenig länger und breiter wird. Es entsteht zu viel Druck, die Zehennägel geben nach.

Das hilft: Da muss ein neuer Schuh her, der perfekt sitzt – etwa eine Daumenbreite Platz sollte zwischen Zehen und Schuhspitze bleiben. **Dazu:** Laufsocken ohne drückende Nähte. **Und:** Zehennägel immer schön kurz halten!

WENN DAS KREUZ LAHM WIRD

Viele Läuferinnen piesackt irgendwann der Rücken. Der Klassiker unter den Kreuzschmerzen ist das »Durchbrechgefühl«. Der Grund: Bauch- und Rückenmuskulatur sind zu schlapp, die Laufschritte werden weniger abgedämpft. Dadurch steigt der Druck auf die Wirbelgelenke. Zudem kann zu einseitiges Training die Probleme verschlimmern.

Das hilft: Stärken Sie die Rumpfmuskeln – dabei unbedingt Bauch UND Rücken gleichmäßig trainieren, um die empfindliche Balance nicht zu stören. Oft ist die Rückenmuskulatur allerdings stärker – dann den Schwerpunkt aufs Bauch-Workout legen. Außerdem sollten Sie öfter mal das Training variieren: Radfahren, Schwimmen oder Aquajogging verbessert ebenfalls die Ausdauer, bringt aber andere Muskelbereiche ins Spiel.

Ernsthafte Beschwerden und wie Sie vorbeugen

BRENNEN ODER STECHEN AN DER FUSSSOHLE

Überlastungen, eine Fehlstellung der Füße (z.B. Senk- oder Spreizfuß) oder falsche Schuhe führen oft dazu, dass die Sehnen der Fußunterseite überdehnt werden und sich entzünden. Plötzlich auftretende Schmerzen können aber auch auf einen Ermüdungsbruch der Mittelfußknochen hinweisen.

Das hilft: Legen Sie eine Trainingspause ein und lassen Sie unbedingt vom Arzt abklären, was das konkrete Problem ist. Eventuell brauchen Sie nur Einlagen, vielleicht aber auch Krankengymnastik oder eine Ruhigstellung. Gut ist auf jeden Fall ein Training der Fußmuskulatur zur Vorbeugung. Zum Beispiel auf den Zehenspitzen gehen oder ab und zu mal eine Zeitungsseite mit den Zehen in kleine Schnipsel zerreißen.

IM SPRUNGGELENK UMGEKNICKT

Im besten Fall kann man nach einer Schrecksekunde weiterlaufen. Manchmal ist aber das Gelenk verstaucht, die Bänder können gedehnt oder gerissen sein. Der Knöchel wird dann dick und blau.

Das hilft: Wenn Sie Schmerzen haben: Unbedingt das Training abbrechen! Am besten wenden Sie gleich die PECH-Regel an (siehe Kasten rechts). Schwillt das Gelenk auch noch an, oder zeigt sich ein Bluterguss – ab zum Arzt! Bänderrisse operiert man heute in der Regel nicht mehr. Sie werden aber oft getaped. So gestützt und geschützt kann man meist recht schnell wieder mit einem funktionellen Training beginnen.

STECHEN AN DER ACHILLESSEHNE

Es sticht und zieht von der Ferse bis in die Wade, vor allem morgens beim Aufstehen oder zu Beginn des Laufens. Dann war wahrscheinlich die Belastung zu hoch. Auch drückende bzw. falsche Schuhe, eine Überpronation (der Innenknöchel knickt zu stark nach innen) oder eine verkürzte Wadenmuskulatur können schuld sein. Bei einer chronischen Entzündung verschwinden die Schmerzen oft während des Trainings, wenn man warm wird, treten danach aber umso heftiger wieder auf.

Das hilft: Schonen und kühlen, dazu regelmäßig dehnen und spezielle Kraftübungen machen: z. B. Vorderfuß auf eine Treppenstufe stellen, Ferse langsam heben und bis unter die Stufenhöhe senken, täglich dreimal 15 Wiederholungen. Klingen die Beschwerden nicht ab, sollten Sie eine Trainingspause einlegen und einen Termin beim Arzt machen. Eventuell muss die Überreizung dann auch mit Medikamenten und/oder Krankengymnastik behandelt werden.

ZIEHEN IM SCHIENBEIN

Da hat Sie wahrscheinlich das sogenannte Shin-Splint-Syndrom erwischt – eine Entzündung der Knochenhaut oder der Schienbeinmuskulatur. Dieses häufige Läuferleiden tritt meist dann auf, wenn Joggerinnen die Trainingsdosis zu schnell steigern, die falschen Schuhe tragen oder plötzlich auf einem anderen Untergrund (meist härter) trainieren.

Das hilft: Kühlen und eine entzündungshemmende Sportsalbe lindern den

Schmerz. Hohe Belastungen, unebene und harte Untergründe sollten Sie zunächst meiden. Versuchen Sie, auch mal mit anderen Laufschuhen zu joggen.

SCHMERZEN IM KNIE

Im Knie treffen Innen-, Außen- und Kreuzbänder, Menisken und Schleimbeutel, Knorpel und Kniescheibe sowie die Patellarsehne aufeinander. Da passiert es oft, dass Strukturen überlastet, abgenutzt, gerissen oder entzündet sind. Häufige Ursachen: muskuläres Ungleichgewicht, X- oder O-Beine, ein falscher Laufstil oder das Trainingspensum wurde zu rasch gesteigert.

Das hilft: Bei akuten Problemen Training beenden und kühlen. Gegen leichte Beschwerden helfen Kraftübungen für die Muskeln, vor allem für die hintere Oberschenkelmuskulatur. Besserung können auch Einlagen bringen. Gut ist auf jeden Fall eine Laufstilanalyse – so können Schritt- und Stellungsfehler vermieden werden, die das Knie belasten. Halten sich die Knieschmerzen hartnäckig, muss sich ein Arzt die Sache anschauen.

PLÖTZLICHER STICH IM MUSKEL

Das passiert am häufigsten bei schnellen und kraftvollen Läufen am Leistungslimit oder wenn das Warm-up fehlte. Die Schmerzen können auf eine Muskelzerrung oder einen -faserriss hindeuten.

Das hilft: Im akuten Notfall erst mal die PECH-Regel anwenden (siehe Kasten). Hören die Schmerzen nicht auf, Ursache vom Arzt abklären lassen. Erst wenn nichts mehr wehtut, wieder langsam mit dem Laufen beginnen.

DIE PECH-REGEL

Nach einer Verletzung brauchen Sie ein wenig PECH: Mit dieser Formel für die richtigen Sofortmaßnahmen geht's schnell wieder besser.

P wie Pause
Schmerzen sind immer ein Warnsignal des Körpers. Darum: Sofort das Tempo reduzieren, ein Stückchen gehen oder sogar anhalten. Wer verbissen weiterläuft, riskiert eine Verschlimmerung.

E wie Eis
Cool-Pack drauf oder ein Fußbad im kalten Bach – Kühlen wirkt dreifach: Der betroffene Bereich schmerzt weniger, schwillt weniger stark an und Entzündungen werden ausgebremst.

C wie Compression
Verbinden Sie die schmerzende Stelle (nicht abschnüren!). Ein elastischer Verband übt Druck aus und verhindert Schmerzen, Schwellungen und Blutungen innen wie außen.

H wie Hochlagern
Beine über Herzhöhe hochlegen – ruhig auch noch am Tag nach der Verletzung. Das fördert den Blutrückfluss aus den Beinen und beschleunigt das Abschwellen.

Und wann zum Arzt?
Wenn Sie trotz allem starke Schmerzen haben oder die Beschwerden nicht verschwinden. So lange sollten Sie dann auch besser auf Sport verzichten.

KAPITEL

08 Frauen laufen anders

Joggen passt in jeden Tag – mit Kindern oder ohne, mit hektischem oder konzentriertem Job, abends oder morgens. Laufen ist einfach unkompliziert. Der weibliche Körper ist es nicht – gut, seine Besonderheiten zu kennen. Dann kommen Sie schneller voran.

LASST DIE MÄNNER EINFACH SAUSEN

Der kleine Unterschied und die Folgen für Läuferinnen.

REGELMÄSSIG FIT

Das Auf und Ab der weiblichen Hormone im Zyklus kann die Formkurve enorm beeinflussen.

BABY ON BOARD

Joggen in der Schwangerschaft: So laufen Sie entspannt zu zweit. Und wie Sie danach gesund und locker wieder ins Training einsteigen.

LAUFEN IN DER MENOPAUSE

Joggen: Ein echter Anti-Aging-Hit, der auch noch durch die Wechseljahre hilft.

Lasst die Männer einfach sausen

Zumindest beim Joggen geht der Trend wieder ganz klar in Richtung Geschlechtertrennung. Zum Glück: Frauen laufen einfach schlauer, gesünder, mit mehr Spaß, wenn sie alleine oder unter sich sind. Denn es gibt ihn, den kleinen Unterschied – und er macht es den Frauen schwer.

Männer joggen schnell, zu schnell. Der Effekt: Laufen macht sie eher schlapp als fit. Denn beim Joggen produzieren die Muskeln Laktat (Salz der Milchsäure), das ins Blut gelangt. Je mehr wir uns anstrengen, desto höher wird die Konzentration im Blut. Als Grenze gelten 20 mmol (Millimol), wer mehr im Blut hat, überanstrengt sich (vergleiche auch Kapitel 1, S. 12f.).

In einer Studie der Sporthochschule Köln fanden Forscher heraus, dass knapp 60 Prozent der Läuferinnen intuitiv unter dieser Grenze blieben und so in einem für ihre Gesundheit sinnvollen Tempo liefen. Dadurch kamen die Frauen in den Genuss all dessen, was das Laufen so zu bieten hat: Abbau von Stresshormonen, Ausschüttung von Endorphinen (Glückshormonen), Stärkung des Immunsystems, Förderung der Kreativität, Fettverbrennung und Training des Herz-Kreislauf-Systems. Besonders bei Frauen, so zeigten Studien, wirkt Jogging gegen schlechte Stimmung und kann sogar gegen Depressionen helfen.

Übrigens: Nur 41 Prozent der Männer schaffen es, laut Studie, im richtigen Tempo zu trainieren. Knapp 60 Prozent liefen zu schnell. So profitieren die meisten Männer gar nicht von dem, was sie uns eigentlich voraushaben.

Hier sind Frauen eine Nasenlänge hinterher

MEHR FETT

Der Körperfettanteil liegt bei Frauen um rund acht Prozent höher als bei Männern. Das macht schöne Formen – wir müssen das »passive« Gewebe aber beim Joggen auch mitschleppen.

WENIGER MUSKULATUR

Der weibliche Körper besteht zu rund 25 bis 30 Prozent aus Muskeln, der männliche hingegen zu 40 bis 50 Prozent. Grund dafür ist der niedrigere Testosteronspiegel bei Frauen. Ergo: Frauen haben deutlich weniger Kraft.

INSTABILERE RÜCKEN

Frauen tendieren eher als Männer zu Rückenproblemen beim Laufen. Wir brauchen meist zusätzlich ein gezieltes Workout zur Kräftigung der Rückenmuskulatur. Das hält fit, macht aber Mühe.

KLEINERES HERZ

Das relative Herzvolumen, also auf das Körpergewicht bezogen, ist bei Frauen um 10 bis 15 Prozent kleiner. Das weibliche Herz kann daher pro Schlag weniger Blut in den Kreislauf pumpen und muss schneller schlagen. Zudem ist der Blutdruck niedriger.

WENIGER ATEM

Die weibliche Lunge ist im Schnitt kleiner, und die maximale Sauerstoffaufnahme ist um rund 15 Prozent niedriger als bei Männern. Dadurch ist unsere Atemleistung deutlich verringert.

ANDERE BLUTZUSAMMENSETZUNG

Das Blut von Frauen kann weniger Sauerstoff transportieren, weil es weniger rote Blutkörperchen enthält. In den Muskeln kommt deshalb weniger Sauerstoff an.

Aber – wir haben eindeutig Vorteile:

LEICHTERER KÖRPERBAU

Frauen sind leichter und kleiner. Zudem ist der Knochenbau graziler. Ein deutlicher Vorteil, der aber leider, wegen der anderen, deutlich schlechteren Leistungsparameter der Frauen (siehe oben) nicht zum Tragen kommt.

FLEXIBLERE GELENKE

Die weiblichen Bänder sind lockerer. Hinzu kommt, dass Frauenmuskeln dehnbarer sind. Die Folgen: Frauen sind sehr viel beweglicher – gut fürs Tanzen und Gymnastik. Leider macht uns das auch ein bisschen verletzungsanfälliger.

GUT ZU WISSEN

Frauen können ihre Ausdauer genauso gut trainieren wie Männer. Und, unser großer Pluspunkt: Der weibliche Stoffwechsel arbeitet ökonomischer, die Fettverbrennung ist höher und der Ruhepuls niedriger. Letztendlich sind wir also zäher und halten besser durch.

REGELmäßig fit

Manchmal läuft das Training wie von selbst. Dafür reicht's an anderen Tagen nur für die sportliche Kriechspur. Ein Grund: Hormone. Wer die Zykluskurve allerdings zu nutzen weiß, kommt richtig gut in Form.

1. WOCHE: Sportliche Entspannung

Der Hormonpegel: Der erste Tag des Zyklus ist der erste Tag der Regelblutung. Die weiblichen Sexualhormone Östradiol und Progesteron sind auf dem Tiefststand. In den Wochen nach der Periode sind sie es, die unter anderem den Eisprung und die Vorbereitung der Gebärmutter auf eine mögliche Schwangerschaft steuern.

So fühlt sich's an: An den allerersten Regeltagen sind manche Frauen ziemlich schlapp und fühlen sich so richtig unwohl. Aber das wird schnell besser. 50 Prozent der Frauen sind dann während ihrer Periode fit und leistungsfähig wie sonst auch. Jede Fünfte fühlt sich sogar fitter – vor allem kurz nach der Menstruation. Wegen der Blutungen muss man übrigens nicht aufs Training verzichten. Im Gegenteil: Sie dürfen sich genauso auspowern wie immer.

Jetzt trainieren: Sie können also voll durchstarten. Aber wenn Sie sich schlapp fühlen, lassen Sie es sportlich etwas ruhiger angehen. Wer unter Schmerzen leidet, kann die entkrampfende und entspannende Wirkung von lockerem Lauftraining nutzen und die Produktion von schmerzlindernden Endorphinen ankurbeln.

2. WOCHE: Rückenwind fürs Training

Der Hormonpegel: In der zweiten Zykluswoche steigt der Östrogenspiegel kontinuierlich an. Und damit auch das Hormon Östradiol. Es lässt die Eizelle reifen, die Gebärmutterschleimhaut wachsen und verursacht dann schließlich auch den Eisprung.

So fühlt sich's an: Nach der Regel ist vor der Regel – aber das ist eindeutig die beste Phase davor. Wir fühlen uns dank des erhöhten Östrogenspiegels wie gedopt und können Berge versetzen – klasse!

Jetzt trainieren: Los geht's! In der sogenannten Follikelphase vor dem Eisprung sorgt Östradiol für ein besonders effektives Training. Das Hormon hat eine anabole Wirkung – es baut Proteine im Körper auf. Dadurch kann die Muskulatur sowohl auf Kraft- als auch auf Ausdauertraining stärker reagieren. Untersuchungsergebnisse zum Krafttraining deuten darauf hin, dass der Trainingseffekt dadurch um mehr als das Doppelte gesteigert werden kann (wenn Sie die Minipille nehmen, kann dieser Extra-Effekt allerdings ausbleiben). Legen Sie darum in der zweiten Zykluswoche öfter mal ein Zusatz-Workout ein. So erzielen Sie die besten Fortschritte.

Ohne Hormone läuft in unserem Körper nichts. Die winzigen Botenstoffe übermitteln wichtige Informationen zwischen den Zellen, sorgen für Glücksgefühle oder Stressattacken, bestimmen Blutzuckerspiegel und Schlafrhythmus, regulieren Stoffwechsel und Sexualleben. Und klar, die weiblichen Geschlechtshormone Östrogen und Progesteron regeln den Menstruationszyklus. Wer so viel Einfluss hat im Körper, mischt natürlich auch bei unserer Fitness mit.

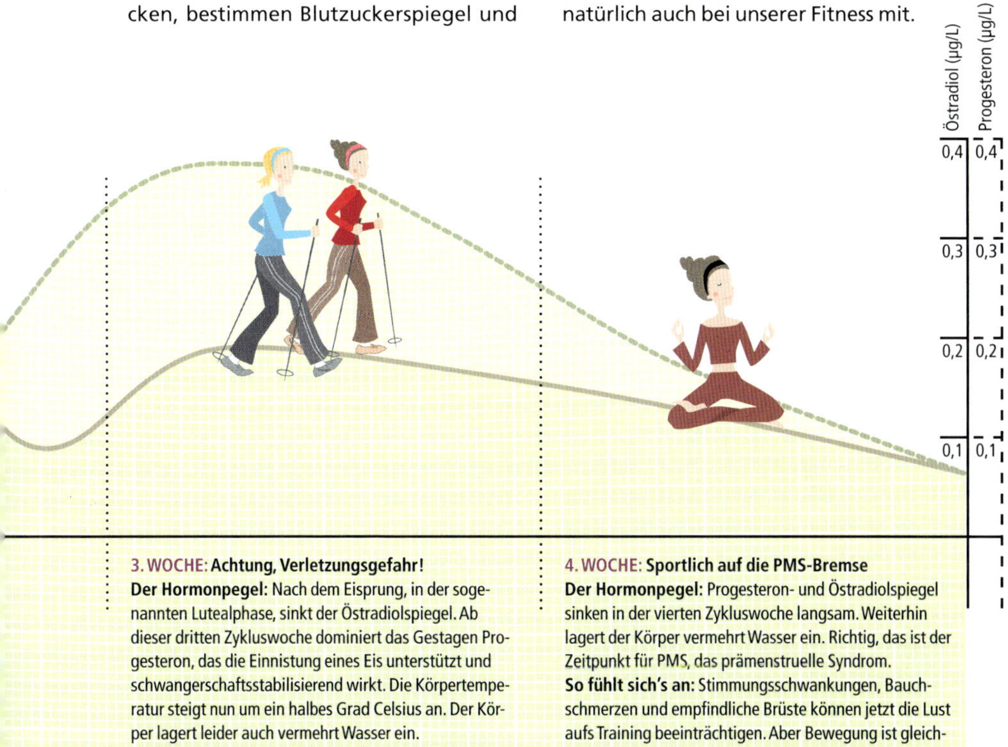

3. WOCHE: Achtung, Verletzungsgefahr!

Der Hormonpegel: Nach dem Eisprung, in der sogenannten Lutealphase, sinkt der Östradiolspiegel. Ab dieser dritten Zykluswoche dominiert das Gestagen Progesteron, das die Einnistung eines Eis unterstützt und schwangerschaftsstabilisierend wirkt. Die Körpertemperatur steigt nun um ein halbes Grad Celsius an. Der Körper lagert leider auch vermehrt Wasser ein.

So fühlt sich's an: Jetzt fällt das Lauftraining etwas schwerer – vor allem bei Hitze. Denn in der zweiten Zyklushälfte wird das Körpergewicht höher, und die Temperaturregulation verändert sich ein wenig.

Jetzt trainieren: Auch in dieser Phase hält regelmäßiges Sporttreiben die Muskeln fit. Jetzt ist aber das Hormon Progesteron dominant, das eher katabol wirkt. Das heißt, die zur Muskelbildung nötigen Proteine werden vermehrt abgebaut. Durch die Wassereinlagerung sind die Bänder etwas lockerer und das Gewebe instabiler. Die Verletzungsgefahr steigt leicht, je näher die Periode rückt. Darum macht es jetzt Sinn, das gewohnte Training einfach locker und routiniert weiterzuverfolgen und neue Techniken eher zu meiden.

4. WOCHE: Sportlich auf die PMS-Bremse

Der Hormonpegel: Progesteron- und Östradiolspiegel sinken in der vierten Zykluswoche langsam. Weiterhin lagert der Körper vermehrt Wasser ein. Richtig, das ist der Zeitpunkt für PMS, das prämenstruelle Syndrom.

So fühlt sich's an: Stimmungsschwankungen, Bauchschmerzen und empfindliche Brüste können jetzt die Lust aufs Training beeinträchtigen. Aber Bewegung ist gleichzeitig das beste Gegenrezept und kann die Symptome lindern. Zudem leiden Sportlerinnen deutlich seltener unter PMS-Beschwerden als Nicht-Sportlerinnen.

Jetzt trainieren: Das Lauftraining sollte jetzt für einen Spaßfaktor sorgen – das macht gute Laune, lenkt ab, schüttet körpereigene Endorphine aus und lässt Sie entspannen. Und das ist zu diesem Zeitpunkt das Wichtigste – denn mit sportlichen Höhenflügen ist es in dieser Woche schwer: Studien zu PMS belegen ein reduziertes Leistungsvermögen durch die Wassereinlagerungen und das höhere Körpergewicht. Eine ideale Phase also, sich auch mal auf andere Trainingsziele zu konzentrieren: Beweglichkeit und Entspannung zum Beispiel – mit unseren Stretch & Relax-Workout ab Seite 62.

Baby on board

Keine Frage: Schwanger sein ist Leistungssport für den Körper. Und dann auch noch joggen? Ja, denn Sport tut gut – auch mit kugeligem Bauch. Er hilft uns durch anstrengende neun Monate und erleichtert sogar oft die Geburt.

Sie sind schwanger – jetzt soll Ihnen Bewegung guttun, Ihnen helfen, sich besser zu fühlen. Das funktioniert, denn Sport stärkt das Herz und die Gefäße und verringert damit das Thrombose-Risiko. Bewegung beugt aber auch wirksam einem möglichen Schwangerschaftsdiabetes vor, denn der Körper verarbeitet Zucker einfach besser. Nebenbei trainiert Sport noch die Rücken-, Bauch- und Beckenbodenmuskulatur. Das verhindert bzw. mildert Rückenschmerzen etwas. Außerdem sind Sportlerinnen besser in der Lage, Muskulatur bewusst anzuspannen und zu entspannen – das hilft bei der Geburt.

Und trotzdem sollte man es nicht übertreiben: Wenn's irgendwo zieht oder gar wehtut, lieber langsamer joggen oder gleich walken. So trainieren Sie gesund und zufrieden zu zweit:

GENIESSEN SIE IHREN SPORT

Mediziner empfehlen Schwangeren ein leichtes Ausdauertraining. Oberstes Kriterium ist das persönliche Wohlbefinden – Leistungsgedanken können Sie erst mal vergessen. Klar dürfen Sie in der Schwangerschaft laufen. Manche Frauen vertragen aber die Erschütterungen im Unterleib nicht mehr gut. Wenn Sie also nicht mehr laufen möchten, probieren Sie's mit

Walking. Natürlich tun Ihnen auch Radfahren, Gymnastik, Yoga und Schwimmen gut. Wer's lieber outdoor mag: Skilanglauf, Golf und Wandern sind ebenfalls prima. Aber bitte nicht über 2000 Meter Höhe. Ab 2500 Höhenmetern kann nämlich die Sauerstoffversorgung des Kindes problematisch werden.

FINDEN SIE IHRE TRAININGSBALANCE

Besprechen Sie mit Ihrer Ärztin oder Ihrem Arzt Ihr sportliches Pensum. Generell gilt, Sie sollten beim Training nicht stark außer Atem kommen und Ihr Puls liegt am besten, wenn er nicht über 130 Schläge pro Minute steigt. Das können Sie prima per Pulsuhr überprüfen. Sie laufen aber im richtigen Tempo, wenn Sie sich dabei locker unterhalten können.

TRANIEREN SIE NICHT ZU VIEL

Freizeitsportlerinnen können ein- bis zweimal die Woche etwa 20 Minuten laufen. Ist Ihnen die ungewohnte Anstrengung gerade zu Beginn einer Schwangerschaft zu groß, dann starten Sie lieber im zweiten Schwangerschaftsdrittel mit lockerem Walking. Wer schon fitter ist, darf durchaus bis zu dreimal 30 bis 45 Minuten trainieren. Erst ab dem zweiten und dritten Schwangerschaftsdrittel sollte das Training langsam reduziert werden. Hören Sie dabei am besten immer auf Ihre Körpersignale – und bloß nicht einfach weiterlaufen, wenn Sie schlapp sind!

KOMBINIEREN SIE KLUG

Ideal ist die Verbindung von Ausdauersport mit einem sanften Muskeltraining – vor allem für den Rücken. Ab dem zweiten Drittel der Schwangerschaft sollten Sie Ihre vorderen Bauchmuskeln nicht mehr trainieren. Denn die müssen sich jetzt ausdehnen können, und ein Muskeltraining wirkt dem entgegen.

MINIMIEREN SIE RISIKEN

Alles im Körper einer Schwangeren ist auf Lockerwerden und Dehnen ausgerichtet. Die Hormone lassen Bindegewebe, Sehnen und Muskeln weicher werden. Das bedeutet, dass die Gelenke ab dem zweiten Schwangerschaftsdrittel an Stabilität verlieren. Um Sportverletzungen zu vermeiden: Laufen Sie am besten auf befestigten Wegen und bei Tageslicht. Achten Sie auf stabilisierende Laufschuhe.

SORGEN SIE FÜR NACHSCHUB

Eine Schwangerschaft kostet Energie, für die Sie in Form von Nahrung sorgen müssen – ein Plus von rund 300 Kilokalorien pro Tag. Und Sport verbraucht noch zusätzliche Energie. Also: Gerade beim Sport den Hunger keinesfalls ignorieren. Eine Apfelsaftschorle oder eine Banane etwa 30 Minuten vorm Training füllt die Akkus, ohne dass Sie Seitenstechen bekommen. Und: Trinken Sie ruhig für zwei. Denn eine Dehydrierung macht Ihnen und auch Ihrem Baby zu schaffen.

GUT ZU WISSEN

Eine Schwangerschaft kann einen Leistungsschub danach bewirken. Der Grund: Während der Schwangerschaft steigt sowohl die Herzfrequenz als auch das Blutvolumen der Mutter, um das Baby mit Sauerstoff und Blut zu versorgen. Beides verbessert die Ausdauer immens.

BLEIBEN SIE COOL

Da Sie in der Schwangerschaft ohnehin schneller ins Schwitzen kommen, sollten Sie eine zu starke Überhitzung vermeiden und nicht bei Temperaturen joggen, die Sie als unangenehm empfinden.

JETZT KANN'S WIEDER LOSGEHEN

Etwa vier bis sechs Wochen nach der Geburt dürfen Sie langsam wieder mit dem Lauftraining beginnen. Davor schadet Jogging dem noch lockeren Beckenboden. Die Erholung nach einer anstrengenden Schwangerschaft und Geburt braucht einfach Zeit.

Starten Sie mit Joggen und Gehen im Wechsel. Steigern Sie das Pensum langsam und vorsichtig. Anfangs die Laufdauer erhöhen, dann ein oder zwei zusätzliche Trainingseinheiten einbauen und erst als letzten Schritt ein höheres Tempo laufen. Richtig durchstarten können Sie etwa vier Monate nach der Geburt.

Achtung: Bei einer Risikoschwangerschaft sprechen Sie vorab mit Ihrem Arzt!

GUT ZU WISSEN

Fitte Frauen haben es leichter: Im Vergleich mit Frauen, die während der Schwangerschaft keinen Sport getrieben haben, nehmen sie in den neun Monaten weniger zu, haben kürzere Geburten sowie weniger Kaiserschnitte und erholen sich nach der Geburt schneller. Sport macht nämlich stressresistenter: Schlafmangel, Hormonveränderungen und die Lebensumstellung werden besser bewältigt. Und noch ein Plus: Babys sportlicher Mütter sind meist ebenfalls fit, weil sie im Bauch ein bisschen mittrainieren.

Laufen in der Menopause

Was viele mit OPs und Pillen versuchen, kann Laufen ganz ohne Nebenwirkungen: Es macht fit, hält jung, gesund und hilft uns auch noch, besser durch die Wechseljahre zu kommen.

Manche Frauen erleben sie weniger, manche heftiger – die Wechseljahre. Viele leiden unter der hormonellen Umstellung ihres Körpers in der Menopause. Ausdauersport kann hier eine enorme Hilfe sein.

ANTI-AGING IM LAUFSCHRITT

Laufen mildert Symptome der Menopause wie Gewichtszunahme, Hormon- und Gefühlsschwankungen. Außerdem beugen Läuferinnen auch noch altersbedingten Krankheiten und Verschleißerscheinungen vor: Das Training hält Herz und Kreislauf fit. Dadurch leiden Läuferinnen seltener an Herzerkrankungen, Bluthochdruck oder Diabetes und senken ihr Schlaganfallrisiko. Gleichzeitig bleiben die Gelenke beweglich, die Knochen stabil, die Muskeln kräftig, Koordination und Gleichgewicht werden erhalten.

TEMPO MACHEN FÜR STARKE KNOCHEN

Auch gegen Osteoporose hilft Laufen. In den Wechseljahren nimmt die Knochendichte durch den Östrogenmangel ab, die Knochen drohen brüchig zu werden. Die Belastungen durch das Eigengewicht beim Joggen reichen jedoch aus, um die Knochensubstanz weitgehend zu erhalten. Ein Effekt, der beim Radfahren und Schwimmen ausbleibt, da unseren Knochen dabei das eigene Körpergewicht abgenommen wird.

Tipp: *Ergänzen Sie Ihr Laufprogramm durch ein Krafttraining, um so auch dem Muskelabbau entgegenzuwirken.*

GUT ZU WISSEN

Egal in welcher Altersklasse Sie laufen – mit Ihrem Training senken Sie Ihr Risiko, an Brust- oder Gebärmutterkrebs zu erkranken, deutlich. Das haben Studien wiederholt gezeigt. Die Gründe: Läuferinnen haben einen ausgeglichenen, niedrigeren Östrogenspiegel, weniger Körperfett, ein funktionierendes Abwehrsystem und meist auch einen gesünderen Lebensstil.

KAPITEL

09 Laufen macht schön

Straffe Muskeln, weniger Cellulite, eine definierte Figur – das alles bewirkt Laufen. Jetzt noch ein Extra-Pflegeprogramm von Kopf bis Fuß und dann das wunderbare neue Körpergefühl genießen. Mit diesen Beautytipps tun Sie sich und Ihrem Body nur das Allerbeste.

SEXY BEINE
Das große Anti-Cellulite-Programm mit Massage-Anleitung

WILLST DU MIT MIR GEHEN – SCHÖNE UND GESUNDE FÜSSE
Die richtige Pflege für strapazierte Läuferinnen-Füße
Plus: Kleines Fußlexikon

WOHLFÜHLEN NACH DEM SPORT
Erst Herz, Kreislauf und Muskeln trainieren und dann Haut und Haare fit machen – so geht's.

Sexy Beine

Keine Frau mag sie, und trotzdem haben wir sie fast alle – Cellulite. Obwohl die kleinen Dellen ganz natürliche weibliche Hauteigenschaften sind, wollen wir uns nicht damit abfinden. Muss auch nicht sein – mit Muskelkraft und Fingerspitzengefühl bekommen Sie das Problem in den Griff.

Bei der Bekämpfung von hartnäckigen Fettpölsterchen an den Beinen gibt es die abenteuerlichsten Strategien: Mit nassen Tüchern auf die Schenkel einschlagen, wickeln, piksen, rollern, unter Strom setzen.

Dermatologen haben zum Dellen-Desaster meist nicht viel Aufbauendes zu sagen – die Hautstruktur sei schuld. Punkt. Das Bindegewebe ist eben eine äußerst flexible Angelegenheit. Seine Stützen aus Kollagen und elastischen Fasern sind extrem dehnbar, damit sie bei Schwangerschaften ordentlich nachgeben können. Gemeinerweise sind bei Männern die netzartig übereinanderliegenden Fasern fester miteinander verbunden, bieten also nicht so viel Spielraum.

Die weibliche Nachgiebigkeit nutzen Fettzellen gnadenlos aus und drängeln sich zwischen die Lücken. Sobald sie sich dort breitmachen, können sie sich durch die Haut drücken und sogar Durchblutung und Lymphfluss behindern. Funktioniert der Abtransport nicht mehr richtig, wird alles noch schlimmer. Als Sofortmaßnahme empfiehlt sich eine Belebung des Stoffwechsels: mit Abreibungen, Wechselduschen oder gezielter Massage (siehe Tuina-Massage S. 134). So können Stauungen gelöst werden, die Fettdepots zeichnen sich weniger deutlich ab.

FETTPÖLSTERCHEN ABTRANSPORTIEREN

Unterstützung beim Kampf gegen Cellulite bekommen Frauen von den Kosmetikherstellern. Wunder darf man aber von keinem der Mittel erwarten. Tiefer gehende Erfolge hängen nämlich davon ab, in welchem Stadium sich die Cellulite befindet. Je weniger fortgeschritten, desto besser sind die Chancen, sie mit entsprechender Pflege in den Griff zu kriegen. Außerdem verkünden Experten unisono: Nur wenn dem Körper nicht gleichzeitig immer mehr Fett angeboten wird, darf man auf Besserung hoffen – soll heißen: ohne ausgewogene Ernährung und reichlich Bewegung funktioniert's nicht! Besonders Ausdauer-

sportarten wie Laufen, Schwimmen, Walken und Gymnastik mit gezieltem Muskelaufbau an Beinen, Bauch und Po sind ideal. Denn Musklen definieren die Körperformen immer schöner als Fettpölsterchen.

MASSAGE GEGEN CELLULITE

Das Training für die Beine können Sie wunderbar ergänzen mit einer speziellen Massage-Technik aus dem alten China: Die Tuina-Massage (tui = schieben, na = greifen) gehört zu den Säulen der chinesischen Medizin und wird traditionell zur Entspannung und Schmerzlinderung eingesetzt. Auf »chinesisch« bedeutet das: den Fluss von Energien im Körper harmonisieren und mögliche Störungen oder Blockaden beseitigen.

Doch die asiatische Knetkur kann noch mehr: Sie hilft bei Cellulite und schlaffer Haut. Weil sie den Stoffwechsel in Gang setzt, Wassereinlagerungen abtransportiert und das Gewebe strafft. Die Tuina berücksichtigt dabei wichtige Akupunkturpunkte und arbeitet mit unterschiedlichen Techniken wie Kneten, Streichen, Kneifen oder Pressen. Machen Sie diese Massage zu Ihrem täglichen Ritual, morgens oder abends – und schon nach vier Wochen werden Sie deutliche Verbesserungen bemerken.

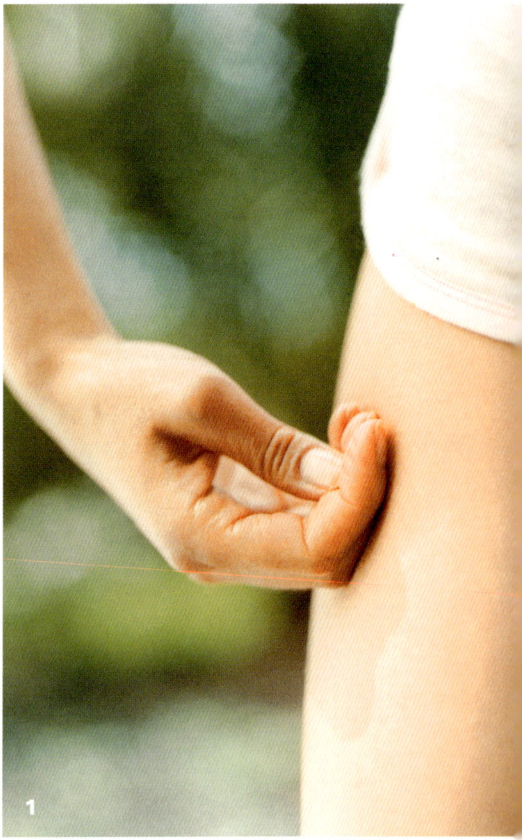

1

1. DIE TUINA-MASSAGE – SO GEHT'S: ROLLEN, VORWÄRTS!

Mit »Fingerrollen am Oberschenkel« geht es los: Machen Sie eine lockere Faust, setzen Sie End- und Mittelglieder der Finger auf, und rollen Sie über die Knöchel ab. Relativ schnell die Vorder-, Außen- und Innenseiten der Oberschenkel bearbeiten. Und zwar so lange, bis ein Wärmegefühl entsteht. So wird der »Energiefluss« angeregt. Diese Massage verbessert auch die Hautfeuchtigkeit. Wer mag, kann zusätzlich ein Hautöl benutzen, am besten Sesamöl.

2. GEGEN SCHWELLUNGEN

»Geradliniges Reiben« nennt sich ein besonders angenehmer Massage-Griff: einfach die flache Hand oder den Handballen mit sanftem Druck auf den Oberschenkel legen und in einer fließenden Bewegung vom Körper wegstreichen – vorn, seitlich, hinten.

So oft wie möglich pro Minute wiederholen, abwechselnd mit beiden Händen. Möglichst ein paar Minuten lang pro Bein. So werden Schwellungen reduziert, Haut und Gewebe stimuliert, der Stoffwechsel unterstützt.

3. GEWEBE STRAFFEN

Mit dem Daumen und mehreren Fingern einen Hautwulst greifen, abheben, leicht wegziehen und »zurückschnellen« lassen. Mit zunächst mäßiger, dann stärkerer Kraft, bis sich alles schön warm anfühlt. Falls es wehtut, nicht aufhören, sondern einfach nur etwas sanfter weitermachen. Am Oberschenkel starten und bis zu den Waden vorarbeiten – pro Region jeweils 1 bis 2 Minuten lang kneten. So verschwinden unangenehme und unschöne Staus, die durch zu wenig Laufen, oder zu viel Stehen und Sitzen entstehen.

4. FÜR KRAFTVOLLE GELENKE

Dieser Griff wird im Sitzen angewandt: mit beiden Handflächen seitlich des Knies und auf dem Knie sanft auf- und abstreichen. Hier befinden sich wichtige Energieleitbahnen. Etwa 1 bis 2 Minuten pro Bein durchführen.

5. PUNKTE FÜRS WOHLBEFINDEN

Das Beste zum Schluss: zwei Druckpunkte, deren Bearbeitung einfach guttut. Beide ergänzen sich und sollen den Energiefluss harmonisieren. Der erste nennt sich »Dritter Weiler am Fuß« und liegt vier Fingerbreit unterhalb der Kniescheibe (dort, wo sich das Schienbein ein bisschen rau anfühlt) und einen Fingerbreit nach außen. Der zweite Punkt, die »Emporsprudelnde Quelle«, befindet sich im oberen Drittel der Fußsohle (dort, wo sich zwei imaginäre Linien vom großen Zeh und seinem Nachbarn unterhalb des Ballens treffen). Pressen und kneten Sie die beiden Punkte nacheinander an beiden Beinen bzw. den Füßen: mit dem Mittelfinger bzw. dem Daumen langsam Druck aufbauen, 1 Minute halten, dann wieder lösen. Anschließend kurze Zeit locker kneten, um den Druck aufzuheben. Jeweils 4- bis 6-mal pro Punkt wiederholen.

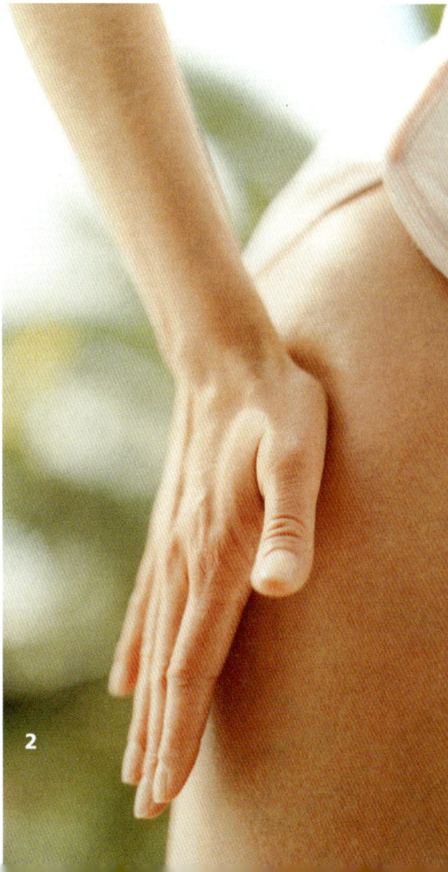

2

Willst du mit mir gehen – schöne und gesunde Füße

Sie tragen uns durch den Tag, müssen manchmal sogar ein Vielfaches des Körpergewichts beim Training aushalten: unsere Füße. Mit diesen Tipps und Tricks werden sie schön und bleiben gesund.

DÜNNHÄUTIG WERDEN

Die lästige Hornschicht will uns eigentlich nur vor Druckstellen schützen – zum Beispiel bei falschen bzw. zu hohen Schuhen oder eben beim Laufen. Mit der richtigen Pflege verschwindet Hornhaut schnell und einfach: Erst ein Fußbad machen, um die Haut aufzuweichen und vorzubereiten. Wichtig dabei: Die Temperatur sollte nicht höher als 38 °C sein und die Füße sollten nicht länger als zehn Minuten im Wasser bleiben. Toll sind Badezusätze mit Mandel- oder Olivenöl, die die Haut mit Lipiden (Fetten) versorgen und sie schön zart machen. Salbei und Meersalz wirken gleichzeitig erfrischend und deodorierend. Es gibt sogar Fußbäder mit Salicylsäure, die die Hornhaut schon beim Baden etwas reduzieren soll. Wer möchte, kann außerdem noch ein Peeling machen – damit lassen sich Zellschüppchen ebenfalls bestens abreiben. Anschließend die Füße sorgfältig abtrocknen, dann mit Bimsstein oder Hornhautfeile bearbeiten. Auf Hobel sollte man verzichten: Sie entfernen oft zu viel Hornhaut, außerdem rutscht man mit den scharfen Klingen schnell ab und verletzt eventuell tiefere Hautschichten.

SANFT CREMEN

Nach der Abreibung brauchen die Füße eine Extraportion Pflege: Wohltuend für trockene oder rissige Haut sind reichhaltige Cremes mit Ölen oder Feuchtigkeits spendendem Harnstoff (Urea). Einige Lotionen enthalten wie die Fußbäder Hornhaut reduzierende Salicylsäure – beides zusammen ergänzt sich hervorragend. Wer seinen Füßen etwas besonders Gutes tun möchte, trägt erst eine Kur auf und schlüpft dann in spezielle Baumwollsocken. Am besten den Füßen mit dieser Packung eine Nacht Schönheitsschlaf gönnen. Alternativ kann man auch einfach eine normale Fußcreme großzügig auftragen und unter Klarsichtfolie eine halbe Stunde einwirken lassen.

DEN NÄGELN FORM GEBEN

Am besten lassen sich die Fußnägel mit einer Nagelzange kürzen: Dabei sollten Sie sie schön parallel zur Zehenkuppe abknipsen und möglichst nicht in die seitlichen Ränder schneiden, sonst entstehen scharfe Ecken, die sich in die Haut bohren und unangenehm drücken können. Anschließend die Ecken mit einer Diamant- oder Mineralfeile leicht abrunden – so verhindern Sie das Splittern der Nagelränder. Gleichzeitig versiegeln Sie so kleine Risse mit mikrofeinen Kristallen. Die Nagelhaut erst mit Nagelöl, Pflegestift oder einer speziellen Tinktur einreiben, anschließend mit der Stiftspitze oder einem Rosenholzstäbchen vorsichtig zurückschieben. Spezielle Nagelhautentferner sollte man nicht benutzen. Da die Nagelhaut den Körper vor eindringenden Bakterien schützen soll, darf sie nur sanft zurückgeschoben, jedoch nie entfernt oder abgeschnitten werden.

GLÄNZEND LACKIEREN

Je fettfreier die Nageloberfläche ist, desto länger hält der Lack. Vor dem Auftragen die Nägel deshalb zunächst kurz mit einem Nagellackentferner behandeln. Damit keine Verfärbungen entstehen, pinseln Sie anschließend einen farblosen Unterlack auf. Wenn der getrocknet ist, tragen Sie den Farblack auf und lassen alles noch einmal zehn Minuten hart werden. Damit nichts verwischt, können Sie sich vorher einen Zehenspreizer zwischen die Zehen klemmen.

ERFRISCHEND KÜHLEN

Müde, erhitzte Füße und Beine freuen sich über Erfrischung. Sehr gut sind abschwellend wirkende Thermogele. Für unterwegs eignen sich am besten praktische Fußerfrischungstücher oder belebende Sprays mit Minzextrakten. Die vitalisieren Füße und Beine auf Knopfdruck – und wer es ganz eilig hat, kann sie sogar einfach über die Strümpfe sprühen.

GEFÜHLVOLL MASSIEREN

Die Fußreflexzonentherapie geht davon aus, dass die Sohle über die Nervenenden mit verschiedenen Organen verbunden ist – stimuliert man eine bestimmte Partie, hat das einen positiven Einfluss auf den entsprechenden Körperteil. Wer sich etwas Gutes tun möchte, kann spezielle Socken anziehen, auf denen die einzelnen Zonen abgebildet sind, und diese mit sanftem Druck massieren.

Fußlexikon: Tipps für kleine Probleme

BLASEN

Bei Blasen hilft ein gepolstertes Blasenpflaster, das die körpereigene Feuchtigkeit schnell aufsaugt und den Druck lindert. Vorbeugend kann man Hirschtalg oder einen speziellen Anti-Blasen-Stick aus Pflanzenölen auftragen, was Reibereien zwischen Haut und Schuh verhindert.

EINGEWACHSENE NÄGEL

In leichten Fällen den entzündeten Zeh in einem Kamillebad baden, anschließend desinfizierende Salbe auftragen. Bei Schmerzen kann der Podologe (staatl. anerkannter Fußpfleger/in) überschießendes Gewebe abtragen und die eingewachsene Ecke entfernen. Wenn gar nichts mehr hilft, muss der Arzt einen Teil des Nagels entfernen.

FUSSPILZ

Typische Anzeichen: Rötungen und Schuppen zwischen den Zehen, häufig juckt's. Auch Fußränder, Sohlen und Fersen können betroffen sein. Fußpilz gedeiht in feuchtwarmem Klima. Ansteckungsgefahr besteht daher vor allem in Schwimmbad, Sauna, Umkleideräumen.

Desinfektionsduschen sollten Sie meiden, da sie die Haut nur aufweichen und Pilzsporen sich dort bestens ausbreiten. Das gilt auch für Bademattten und Hotelteppichböden. Um vorzubeugen, Badeschuhe tragen und Füße – besonders die Zehenzwischenräume – nach dem Duschen gut abtrocknen. Socken (am besten aus Baumwolle) bei mindestens 60 °C waschen. Turnschuhe immer durchlüften, Schuhe täglich wechseln. Fußpilz muss konsequent bis zu vier Wochen lang täglich mit Antimykotika (Creme oder Spray) behandelt werden, die entweder das Pilzwachstum hemmen oder den Pilz direkt abtöten. In hartnäckigen Fällen den Arzt aufsuchen.

FEHLSTELLUNGEN

Um Senk-, Platt- und Spreizfüßen vorzubeugen, am besten so oft wie möglich barfuß laufen. Durch ein spezielles 3-D-Workout sollen Tastsinn und Beweglichkeit der Füße gesteigert sowie Fehlbelastungen ausbalanciert werden. (Mehr über »Spiraldynamik« unter www.spiraldynamik.com.)

In speziellen Instituten kann man Abrollbewegungen und Fußbelastungen

messen lassen. Außerdem helfen vom orthopädischen Schuhmacher individuell angefertigte Einlagen oft sehr gut.

HÜHNERAUGE

Wenn Hornhaut verdickt und punktuell zu viel Druck ausgeübt wird, kann sich ein Hühnerauge bilden. Es bohrt sich zapfenartig tief in die Haut und drückt auf Nervenenden und Knochenhaut. Erste Hilfe bieten Druckschutzringe für Hühneraugen. Es gibt auch Hornhaut aufweichende Hühneraugenpflaster mit Salicylsäure. In schlimmen Fällen sollte man das Hühnerauge am besten beim Podologen entfernen lassen.

NAGELPILZ

Indizien: weißliche bis gelbliche Verfärbung, seitlich verdickter Nagel. Kann sich aus un- oder zu kurz behandeltem Fußpilz entwickeln. Dagegen hilft pilztötender Lack, z. B. ein Nagelset, das aus zwei aufeinander abgestimmten Wirkstoffen besteht und gegen leichten bis mittelschweren Pilzbefall helfen soll. Für hartnäckige Fälle gibt es Medikamente, die der Arzt verschreibt.

NAGELSPLISS

Splitternde Nägel können entweder auf einen Mangel an Biotin (Vitamin H), Kalzium, auf hormonelle Veränderungen oder auf eine Schilddrüsenerkrankung hinweisen. Nägel regelmäßig pflegen, zum Beispiel mit Olivenöl oder einem Nagelöl, um sie elastisch zu halten. Kurartig Biotin-Tabletten einnehmen.

RISSIGE NAGELOBERFLÄCHE

Durch ständigen Druck können sich vor allem beim großen Zeh feine Mikrorisse in der Nagelplatte bilden – ein häufiger Grund dafür sind enge Schuhe oder Sportarten, bei denen der Fuß permanenten Stößen oder abrupten Stoppbewegungen ausgesetzt ist (z. B. Tennis oder Joggen). Mit einer erhöhten Keratinproduktion versucht der Körper die Risse zu heilen – oft entstehen dadurch allerdings leichte Rillen, die auf den ersten Blick wie ein Fußpilz aussehen. Um vorzubeugen, darauf achten, dass die Schuhe groß genug sind. Außerdem können flexible Sporteinlagen die Zehen entlasten.

Haben sich bereits Rillen gebildet, kann eine Nagelcamouflage helfen (z. B. bei der Kosmetikerin): Sie gleicht die unebenen Stellen aus und lässt den Nagel wieder glatt erscheinen.

SCHRUNDEN (RHAGADEN)

Die schmerzhaften Einrisse an Ballen oder Fersen sind oftmals auf Fett- und Feuchtigkeitsmangel zurückzuführen. Reichhaltige Fußcremes oder spezielle Schrundencremes oder Hornhautsalben halten das Gewebe geschmeidig und beugen so den Hauteinrissen vor.

WARZEN

Sie werden durch Viren ausgelöst, die zum Beispiel in öffentlichen Schwimmbädern verbreitet sind. Bei Dornwarzen, die nach innen wachsen, kann ein Einlagenring die Schmerzen lindern. Salicylsäurehaltige Tinkturen weichen die Warze auf. Ein Arzt oder Podologe kann dann die oberen Schichten abtragen. In hartnäckigen Fällen wird die Warze mit flüssigem Stickstoff vereist oder per Laser behandelt. Praktisch: Vereisungsspray gibt es auch für zu Hause.

Wohlfühlen nach dem Sport

Erst Herz, Kreislauf und Muskeln trainieren – dann Haut und Haare fit machen – so geht's ganz einfach und entspannt.

ERHOLUNG FÜR DEN KÖRPER

Nach dem Training geht's gleich unter die frische, kalte Dusche – bloß nicht. Danach kommt man besonders ins Schwitzen, weil der Körper noch mal richtig aufheizt. Die Haut verliert Mineralien und wird trocken.

Das hilft sofort: Besser lauwarm abbrausen, dann kommt der erhitzte Körper schnell wieder ins Gleichgewicht. Man schwitzt weniger nach. Auch der Säureschutzmantel der Haut bleibt erhalten.

Und dann eincremen. Die schnelle Tour: Öl auf dem noch leicht feuchten Körper verteilen. Es verbindet sich so mit der Haut. Wer doch noch etwas nachschwitzt: Öl nur auf sehr trockenen Stellen auftragen, den restlichen Körper mit leichter Feuchtigkeitslotion pflegen.

Genussvolle Pflege: Statt Dusche mit einem Körperpeeling starten: Sanft zur Haut sind Bodypeelings mit Luffa-, Zucker- oder Salzpartikeln, angereichert mit Jojobaöl. Danach in die heiße Wanne: Badezusätze mit Algen oder Lavendel, mit Mineralien und rückfettenden Lipiden geben der Haut Feuchtigkeit. Nach dem Bad sind die Hautporen weit geöffnet. Ein guter Zeitpunkt, sie mit reichhaltigen Bodycremes richtig zu verwöhnen.

FRISCHER SCHWUNG FÜR DIE HAARE

Bei Schweiß machen selbst kräftige Haare schlapp – sie werden schnell fettig.

Das hilft sofort: Beugen Sie mit einer absorbierenden Intensivkur gegen fettige Kopfhaut vor. Nach dem Workout auswaschen, schon ist das Haar gepflegt. Wer draußen Sport treibt, nutzt am besten Sonnenschutzsprays: Der UV-Filter schützt gegen die Bleichkraft der Sonne.

Genussvolle Pflege: Erst mal Haare waschen und dann eine Packung drauf. Wer seinem Schopf öfter neue Farbe gönnt, kann diese durch Colour-Protect-Kuren länger frisch halten. Wer's richtig gut meint, nimmt Kuren mit haaridentischen Aminosäuren. Sie reparieren die Haarstruktur. Einfach nach dem Auftragen Folie und Handtuch um den Kopf wickeln und die Wirkstoffe einziehen lassen.

EIN STRAHLENDES GESICHT

Eines vorab: Am besten ungeschminkt loslegen, denn Schweiß und Make-up gehen meist eine ungute Verbindung ein.

Die Folgen sind unschöne Pickel und Hautirritationen. Also: vorab das Gesicht mit einem Abschminktuch reinigen.

Nach dem Training ist die Haut dann gut durchblutet, die Gefäße sind erweitert – zu sehen an den roten Wangen.

Das hilft sofort: Jetzt heißt es erst mal, was Erfrischendes auftragen, zum Beispiel Gesichtssprays mit Pflanzen- und Thermalwasserextrakten. Die Haut wird durch Mineralien und Phytoextrakte sofort schön beruhigt. Danach unbedingt mit einem Tuch abtupfen – sonst trocknet die Haut aus.

Genussvolle Pflege: Durch die Anstrengung sind die Poren erweitert, aber auch besonders aufnahmebereit für Pflege. Der richtige Moment für eine beruhigende Lavendelwasser-Kompresse. So geht's: Eine Handvoll frischer oder getrockneter Lavendelblüten mit einem Liter Wasser überbrühen, 15 Minuten ziehen lassen, durch ein Sieb abseihen. Ein kleines Baumwolltuch mit lauwarmem Pflanzenwasser tränken, auswringen, aufs Gesicht legen. Wunderbar. Trockene Haut päppelt eine Maske mit Karitébutter oder Aprikosenkernöl prima auf.

Register

Achillessehne, Stechen an der 118
aerob-anaerobe Schwelle 12–14, 47
Anfersen 22
Anti-Aging 129
Arm-Bein-Koordination beim Laufen 21
Atmung beim Laufen 21
atmungsaktive Bekleidung 23–25, 27
Aufwärmen 38 f.
Ausdauer und Tempo ausbauen (Trainingsplan) 43
Ausdauertraining 17
Ausdauerwert, persönlicher aktueller 29
Auslockern 38 f.
Ballenlauf 20
Belastungspuls 17 f.
Beschwerden beim Laufen 116–119
Beweglichkeit 62–71
Biorhythmus 38
Blasen am Fuß 117, 138
Body-Mass-Index (BMI) 76
BRIGITTE-Diät 96–107
BRIGITTE-Ernährungspyramide 91
Cellulite 132–135
Cool-down 39
Dehnen und Stretchen 62–71
Dopamin 110
Durchhänger, Tipps gegen 112 f.
Einsteigerinnen, Trainingsplan für 37–39
Einstellung zum Laufen, mentale und emotionale 110–113
Endorphine 44, 122
Energiedepots 75
Ernährung 88–95
Fatburn-Tempo für Fortgeschrittene 76 f.
Fehlstellungen der Füße 138
Fersenlauf 20
Fettstoffwechsel 13, 18, 76, 77
Fettbrennungsprogramm (Trainingsplan) 78 f.
Fettverbrennung als Trainingsziel 18, 75–77, 78
Fettverbrennungspuls 75
Fitnessfaktor 33
Fitness-Test 28–33
Fortgeschrittene, Trainingsplan für 42 f.
Füße 136–139
Fußgelenklauf 22
Fußlexikon 138 f.
Fußreflexzonenmassage 137
Fußsohlen, Brennen oder Stechen an der 118
Gesundheit als Trainingsziel 18, 47
Glückshormone 44, 122
Grundlagenausdauer aufbauen (Trainingsplan) 40
Halbmarathon 50 f.
Heißhungerattacken abwehren 93–95
Herzfrequenz 18, 38
Herz-Kreislauf-System stärken 13,18, 19, 44, 122
Hormone 124 f., 129
Hornhaut 136
Hühnerauge 139
Inlineskaten 45
Intervalltraining 47–49
Kalorienfallen 93–95
Kalorienplan 98
Kalorienverbrauch 77
Kleidung, richtige 23–25
Knie, Schmerzen am 119
Kniehebelauf 22
Kohlenhydrate 13, 75, 77, 95
Körpergefühl, harmonisches 9, 54, 62, 140 f.
Körperhaltung beim Laufen 21
Kraft-Workout 54–61
Kreuzschmerzen 117
Laktat 13 f., 122
Laufanalyse 27
Laufplan Einsteigerinnen, Tabelle (12 Wochen) 40
Laufplan Fettverbrennungsprogramm, Tabelle (8 Wochen) 51
Laufplan Fortgeschrittene, Tabelle (12 Wochen) 43
Laufplan Intervalltraining, Tabelle (8 Wochen) 49
Laufplan Leistungssteigerung / Halbmarathon, Tabelle (12 Wochen) 51

Laufplan Relax, Tabelle (8 Wochen) 46
Laufschuhe 21, 24, 25, 27
Laufschule 22
Laufsocken 27, 117
Laufstile 20–22
Lauftagebuch 113
Leistungssteigerung / Halbmarathon (Trainingsplan) 50 f.
Leistungsverbesserung als Trainingsziel 19, 50
Massagen 134 f.
maximale Herzfrequenz 18
Maximalpuls 17
Menstruationszyklus, Laufen im 124 f.
Mineralwasser 27, 95
Mittelfußlauf 20
Morgen-Jogging 77
Motivationshemmer 111 f.
Muskel, Stich im 119
Muskelkater 117
Osteoporose 129
PECH-Regel bei Beschwerden und Schmerzen 119
Pflege für die Füße 136 f.
Pflege für Haut und Haare 140 f.
Pfundstraining für Einsteigerinnen 76
Pilates-Workout 80–87
Power-Trainingsplan 47–49
Pronation 21
Pulsmesser 18, 19
Radfahren 45, 48, 117
Relax-Trainingsplan 44–46
Ruheherzfrequenz 18
Ruhepuls 17
Sauerstoff 13 f., 44
Schienbein, Ziehen im 118
Schmerzen beim Laufen 116–119
Schrittlänge und Schrittfrequenz 20
Schrunden 139
Schuhe 21, 24, 25, 27
Schwangerschaft 126–128
Schwellen- und Crescendoläufe 47 f., 50
Schwimmen 45, 117
Schwitzen 23–25, 26
Seitenstechen 116
Shin-Splint-Syndrom 118
somatische Marker 111 f.
Sport-BH 27
Sprunggelenk 21, 118
Steigerungs-Dauerlauf 22, 50
Stoffwechsel aktivieren 8, 13, 54, 72, 75, 77, 78, 123, 132, 134, 135
Stoffwechselläufe 76, 79
Stressabbau 44 f., 122
Stretching 37–39
Superkompensation 14, 47
Thrill-Trainingsplan 50 f.
Trainings-Herzfrequenzen 18, 38
Trainingspausen, Regenerationspausen 15 f.
Trainingsplan Einsteigerinnen (12 Wochen) 40
Trainingsplan Fettverbrennungsprogramm (8 Wochen) 451
Trainingsplan Fortgeschrittene (12 Wochen) 43
Trainingsplan Intervalltraining (8 Wochen) 49
Trainingsplan Leistungssteigerung / Halbmarathon (12 Wochen) 451
Trainingsplan Relax (8 Wochen) 46
Trainingsvariationen 45, 48, 117
Tuina-Massage 134 f., 137
Überkreuzgang 22
Überpronation 21
Übertraining 15 f.
vegetarische Ernährung 93
Verletzungen, Erste Hilfe 116–118
Wadenkrämpfe 116
Warm-up 39
Warzen 139
Wasserverlust des Körpers 26
Wechseljahre 129
Wellnessgetränke 95
Wettkampfhärte als Trainingsziel 19, 50
Workout (Krafttraining) 54–61
Workout (Pilates) 80–87
Zehen, blutige 117
Zwischenmahlzeiten 95